KB211948

선불교 개설

선불교 개설

정성본 지음

민족사

차례

1

선불교란 무엇인가

선(禪)에 대한 현대인의 새로운 관심

오늘날 세계적으로 선(禪)에 대한 관심이 날로 고조되고 있다. 이러한 현상은 현대 과학 문명의 발달과 더불어 인간성의 말살과 인간 상호 간의 불신(不信), 혹은 인간 소외의 현실에서 자기 존재에 대한 자각에 새롭게 눈뜨고 있다는 사실을 반영하는 것이다.

오늘날 이처럼 선에 대한 관심이 높아지고 있는 현상은 사실 선의 정신을 계승한 인도나 중국, 한국이나 일본 등 선불교의 정신 속에 살고 있는 동양의 여러 나라에서 비롯된 것이 아니라, 오히려 선불교의 문화권 밖에 있었던 유럽이나 서구의 여러 나라에서 비롯된 것이다.

그것은 1927년부터 1934년 사이에 영문으로 쓰인 스즈키 다이세츠(鈴木大拙, 1870~1966)의 『선학논문집(Essays in Zen Buddhism)』 3권을 비롯하여 선 관련 저술들이 세계 각국의 언어로 번역되면서 많은 독자들의 관심을 불러일으키게 되었다고 볼 수 있다.

오늘날 스즈키의 『선학논문집』은 서구에서 수많은 독자들을 획득하고, 선불교를 이해하려는 사람들의 입문서로 자리매김했으며, 철학·의학·문학·신학·예술 등 여러 방면에서 이 책의 영향을 받은 사람이 엄청나게 많다. 이 책은 서구에서 선불교의 새로운 고전이 되었다.

스즈키의 많은 저술 가운데 선불교의 세계적인 관심을 불러일으킨 또 하나의 중요한 명저는 1938년 영문으로 쓴 『禪과 日本文化(Zen Buddhism and Its Influence in Japaness Culture)』이다. 이 책은 일본의 선 문화를 정리하여 소개하는 안내서로서 지금까지도 세계적인 주목을 받고 있다. 스즈키는 이러한 저술을 통하여 동양의 마음인 선과 선불교의 문화가 선과 정원(庭苑), 선과 차(茶), 선과 묵회(墨繪), 서도(書道), 검도(劍道) 등 선사상을 토대로 하여 품격 높게 발전한 일본의 선 문화를 소개했다.

따라서 현대의 과학 문명과 기계화된 산업사회의 구조 속에서 인간성이 말살되고, 신(神) 중심의 종교관과 인간관의 전통 속에서 살아온 서구인들에겐 이러한 인간의 근원적이고 본래 청정한 마음의 지혜인 선을 통하여 자아의 참된 인간관과 신에 의한 피조물로서의 인간존재가 아니라, 인간 각자가 스스로 사유하여 자아의 무한한 가능성을 개발하고 창조적인 인간으로서의 삶의 가치관을 되찾을 수 있는 선불교의 정신과 선 문화가 완전히 새롭고 신선한 충격으로 받아들여졌을 것이다.

사실 동양에서의 선에 대한 관심과 소위 선 붐의 현상은 이처럼 서구에서 새로운 각광을 받고 널리 주목된 선에 대한 관심이 서구의 과학 문명과 함께 동양으로 다시 전래되면서 일어나고 있는 현상임을 간과할 수 없다. 진리가 너무 가까이 있기에 볼 수 없는 것처럼, 우리들이 선의 정신 속에 살면서 매일매일 사용하고 있기에 더욱 더 그 가치를 바로 알 수 없는 것과 같은 현상이라고 할 수 있다.

선과 선불교

선(禪)은 우리들이 일찍부터 많이 들어온 귀에 익은 말이지만, 선불교란 말은 약간 생소하게 들릴 것이다. 먼저 선과 선불교의 개념부터 정리해 보자.

선은 고대 인도의 명상법인 요가(yoga)에서 비롯된 것이다. 붓다의 명상과 정각을 통하여 새로운 불교의 실천 수행으로 인간 누구나 본래 구족하고 있는 본래의 마음[一心]을 깨달아 진여 일심의 지혜로 독창적인 자신의 삶을 창조하는 새로운 언어가 바로 선이다.

요가의 기원은 B.C. 3000년경, 인더스 강 유역을 중심으로 발전된 고대 인더스 문명(Indus civilization) 의 유적에서 발견된 요가 수행자의 모습의 조각이 새겨진 인장(印章)이나 성자(聖者)의 흉상 등의 발굴로 새롭게 입증된 것처럼, B.C. 1500년경 아리아 민족이 인도를 침입하기 이전에 고대 인도의 원주민들에 의해서 실시된 요가에서 비롯된 것이다. 따라서 요가 명상의 문화인 선은 약 5000년의 역사를 지니고 있다고 할 수 있다.

요가(Yoga)라는 말이 사유(思惟)나 명상(瞑想)의 의미로 처음 등장한 것은 B.C. 6세기경에 성립된 『카타카-우파니샤드(Kathaka-Upanisad)』 이후이다. 즉, 『카타카 우파니샤드』에서는 "요가란 명상을 통하여 인간의 오감(五感)을 제어하고 산란된 마음을 정지시키는 것이며, 이와 같이 모든 감각 기관이 움직이지 않고 집지(執持; dhāraṇā)하는 것을 말한다."라고 정의한다.

요가라는 말에 어원을 두고 만들어진 yoke(멍에)라는 언어는 말의 고삐를 말뚝에 묶어 두고 말이 달아나지 못하도록 하는 말이다. 즉 마음을 신이나 태양, 어떤 대상의 사물이나 언어문자에 연결하여 진리나 진실을 관찰하는 정신적인 사유방법을 말한다.

이러한 요가와 같은 말로 삼매(三昧; samādhi)나 선나(禪那; dhyāna)라는 말도 『우파니샤드』에 보인다. 특히 불교에서는 요가라는 말보다는 선나(禪那) 혹은 선정(禪定), 선(禪)이란 말로 일반화되었으며, 또한 대승불교에서는 선바라밀(禪波羅蜜), 지관(止觀)이라고 한다.

붓다가 체득한 불교의 법문이 『우파니샤드』에서 설하는 브라만교의 교설과 그 내용이 다르듯이, 선정의 수행은 범아일여(梵我一如)의 지(知)를 체득하기 위한 요가의 실천법과는 다른 방법으로, 생로병사의 생사윤회의 원인을 관찰하는 사유방법과 일체 만물이 존재하는 것은 인(因)과 연(緣)의 결합으로 이루어진 것이라는 연기의 법칙을 깨닫게 한다.

요가의 명상과는 다른 붓다의 선정의 내용을 지(止; samādhi)와 관(觀; vipaśyana)으로 설명한다. 즉, 지관(止觀)이라는 말로 널리 알려진 것처럼, 몸과 마음을 집중하여 산란심이 없는 경지[止]에서 만법의 근원인 진리를 관찰[觀]하여 깨닫고, 반야의 지혜를 체득하여 생사윤회의 고통과 그 괴로움의 근원을 찾아 제거하여 영원한 해탈을 이루도록 하는 수행인 것이다.

선은 불법의 가르침을 배우고 진여법의 진실을 깨닫는 가장 기본적인 수행이다. 불교의 역사적인 발전과 더불어 각각의 시대와 인도 혹은 중국이나 한국, 일본 등

지역에 따라 불교를 수용하는 입장에서는 다소의 문화적인 차이는 있었지만, 언제 어디서나 불교의 실천은 선정의 수행이 중심이 되고 있음에는 변함이 없다.

그러면 선불교란 무엇인가?

앞에서도 언급한 것처럼, 사실 선불교라는 말이 널리 일반적으로 불리게 된 것은 스즈키(鈴木)의 다양한 선의 연구와 선불교에 대한 저술 활동에서 비롯된 것이라고 할 수 있다. 즉 스즈키가 영문으로 저술한 Zen Buddhism을 제목으로 제시하면서 선불교의 새로운 영어 단어가 등장하게 되었다. 최근의 국제 학계에선 중국에서 이루어진 불교사상이기에 중국어의 한자음으로 표기해야 한다는 의미에서 Chan-Buddhism이란 말로 통용하고 있다 .

사실 스즈키가 말하는 선불교는 중국, 한국, 일본 등에서 널리 발전된 조사선의 정신을 의미한다. 불교와 선은 인도에서 발생했지만 선사상은 중국에서 완성된 것이다. 선불교는 인도에서 발전된 요가나 불교의 선정법이 아니라 중국 당나라에서 완성된 조사선의 선사상을 말한다.

중국에서 완성된 조사선의 선불교는 단순히 산란된 마음을 안정시키는 정신집중의 요가 명상이나 번뇌 망념을 없애고 텅 비우기 위한 좌선의 실천적인 입장이 아니다. 선불교는 불교를 비본래의 중생심에서 본래의 진여본성(본래면목)을 회복하는 발심수행과 청정한 진여본심의 지혜로 지금 여기, 시절인연에 따른 자기 본분사의 일을 창조하는 일상의 종교로 만들었다. 이러한 선불교의 사상을 돈황본 『육조단경』에서는 다음과 같이 새롭게 좌선의 정의로 제시하고 있다.

> 이 남종의 법문에서는 무엇을 좌선이라고 하는가? 남종의 법문에서는 일체의 대상, 경계에 걸림 없이 무애자재한 것이다. 마음 밖으로 일체의 대상경계에 망념이 일어나지 않는 것을 '좌(坐)'라 하고, 자기의 본성을 깨달아 산란됨이 없는 지혜를 '선(禪)'이라고 한다. (此法門中, 何名坐禪. 此法門中, 一切無碍. 外於一切境界上, 念不起為坐, 見本性不亂為禪.)

사실 이 말은 인도불교 이래 역사적으로 발전된 선의 실천을 종합하고 있는 종래의 북종선에 대한 남종의 새로운 선사상을 밝히는 법문이다. 중국에서 완성된 조사선의 선불교는 좌선의 정의에서 새롭게 출발한다. 번뇌망상을 퇴치시키는 종래의 선정이나 명상의 차원을 벗어나 일체의 망념이 일어나지 않는 진여본심을 자각하여 회복한 선정의 입장과 정법의 안목으로 일상에서도 시절인연의 모든 본분사의 일을 방편의 지혜로 건립하는 삶이다.

조사선의 완성자인 마조도일(馬祖道一, 709~788) 선사는 선불교의 입장을 "평상심이 바로 도[平常心是道]"라는 도(道)의 정의로 단적으로 밝히고 있는데, 이 역시 『단경』에서 설한 좌선의 정의를 새롭게 발전시킨 선불교의 사상이다.

이처럼 인도의 요가 좌선법이 붓다의 명상을 통하여 불교의 자각적인 수행법·실천법으로 완성되었고, 중국의 조사선에서는 일상생활의 종교인 선불교로 발전시켰다.

사실 선불교는 전(全) 불교의 역사적인 입장과 여러 종파불교에서 주장한 불교사상 및 실천적인 입장을 전부 종합하여 새롭게 진여일심의 지혜로운 삶으로 귀결시켰다고 할 수 있다.

따라서 중국의 선종은 사실 단순히 전통적인 좌선이나 명상의 수행법을 계승한 것이 아니며, 또한 중생심의 번뇌 망념을 없애는 선정수행을 실천하는 하나의 종파불교의 입장이 아니다. 전 불교의 정신을 진여일심의 지혜로 통합한 본분사의 입장이기에 선불교란 명칭이 가장 합당하다고 하겠다.

좌선의(坐禪儀)에서 "좌선(坐禪)은 안락의 법문(法門)"이라고 설한 것처럼, 선불교에서 말하는 좌선(坐禪)이나 정좌(靜坐) 참선(參禪)은 『법화경』에서 대통지승불이 십겁의 세월에 좌도량(坐道場)한다는 본분사의 일과 같이 진여일심의 방편지혜로 지금 여기, 자기 본분사의 삶을 창조하는 일이다.

그래서 마조도일 선사는 조사선을 "평상심으로 지혜로운 삶을 사는 일[平常心是道]"이라고 설했다.

중국에서 일상생활의 종교인 선불교가 완성된 것은, 불교가 중국으로 전래되면서 중국 고유의 노자(老子)나 장자(莊子)의 사상과 유교적인 현실 절대 긍정 사상과 만난 것이라고 할 수 있다. 도(道)나 진리를 가까이에서 찾는 중국인들의 현실적인 사고와 생활 풍토에서 외래의 종교인 불교의 가르침을 선의 사상과 실천으로 재편함과 동시에, 새롭게 일상생활 속에서 참된 진여일심을 깨닫고 진여일심의 지혜로운 삶을 창조하는 생활종교의 선사상을 건립한 것이다.

이러한 일상생활의 종교를 완성시킨 사람이 남종선의 조사인 혜능을 비롯하여 마조도일, 석두희천(石頭希遷, 700~790), 백장회해(百丈懷海, 749~814), 남전보원(南泉普願, 748~834) 등 당대의 유명한 조사들이다. 따라서 선불교를 일반적으로 조사선이라고 부르고 있다.

여기서 말하는 조사는 제불여래의 법문에 의거하여 선의 수행과 실천으로 불법의 대의를 체득하고, 정법의 안목을 구족한 사람이다. 또한 정법의 안목을 구족한 조사들이 시절인연에 따라서 정법의 지혜와 광명으로 중생을 구제하는 당대(當代)의 교화주(敎化主)이며, 선불교의 새로운 인격을 말한다.

선불교의 사상

불법의 가르침과 불교의 사상 이외에, 달리 선불교의 정신이나 사상이 있는 것은 아니다. 대승불교의 반야사상과 보살도의 정신을 선의 실천적인 입장으로 새롭게 중국인들의 생활종교로 만든 것이 그대로 선불교의 사상이다.

그러한 선불교의 사상이 형성된 역사적인 배경을 살펴보자.

『육조단경』에서 좌선의 정의로 밝히고 있는 것처럼, 선불교의 사상적인 골격은 대승불교에서 강조하는 불성(佛性)의 자각과 반야의 지혜를 실천하는 공(空)의 법문이라고 하겠다. 불성을 깨닫는 것은 만법의 근원인 각자 생명의 주체를 자각하는 것이며, 각자의 불성으로 일체의 경계에 걸림 없이 무애자재롭게 반야지혜로 각자 창조적인 삶을 건립하는 일이다.

선불교의 기본사상은 『반야경』, 『법화경』, 『화엄경』, 『열반경』 등 대승불교 경전에서 제불여래가 한결같이 설법하는 것처럼, 일체 중생이 모두 각자의 불성을 깨닫고 제불 여래와 똑같은 불지견(佛知見; 정법의 안목)을 구족하여 일체의 대상경계에 걸림 없는 무애자재한 방편 지혜로 중생구제의 보살도를 실행하는 일대사의 일이다.

특히 선불교에서는 일체 중생이 본래 구족하고 있는 불성을 깨닫도록 강조하고 있다. 선의 실천도 사실 각자의 본래면목인 불성을 깨닫는 발심수행을 기본으로 실천한다.

그러면 왜 이렇게 견성 혹은 불성을 깨닫도록 강조하는 것일까?

중생은 본래의 불성(진여자성)을 구족하고 있다는 사실을 알지 못한 무지(無知)와 무명(無明)으로 불성을 깨닫지 못하고, 자아의식의 중생심으로 번뇌 망념을 일으켜 환화와 같이 실체가 없는 의식의 대상경계의 사물을 분별하고 집착하며, 탐진치(貪瞋癡) 삼독심(三毒心)으로 다양한 업장을 짓고 생사에 윤회하고 있다. 그래서 『법화경』에서 제불 세존이 중생은 자아의식으로 진실을 여법하게 볼 수 있는 불지견(佛知見)과 정법의 안목이 없어 전도몽상(顚倒夢想)과 착각 속에 살고 있는 점을 불쌍히 여기고 중생들이 불지견을 구족하도록 정법을 설했다고 설한다.

불지견과 정법의 안목으로 중생심의 번뇌 망념과 심병의 고통을 진단하고, 본래 청정한 진여본심(불성)을 깨달아 생사윤회의 고통에서 해탈하고, 열반의 경지에서 지혜로운 보살도의 법락을 이루도록 설한 법문이 불교의 가르침이다.

『화엄경』에서 "일체의 모든 법은 오직 마음이 창조하는 것[一切唯心造]"이라고 설한 법문처럼, 일체 만법의 근원이 각자의 마음의 작용에 있다는 유심(唯心)의 도리를 깨닫고, 본래 청정한 진여 본심을 깨달아 체득해야 중생심의 고통에서 해탈할 수가 있다. 그래서 『대승기신론』에서도 "망심이 일어나면 일체 의식의 대상경계에 대한 분별심[法]이 일어나고, 망심이 없어지면 일체 의식의 대상경계[法]에 대한 망심이 소멸한다."라고 설한다.

그래서 마조의 설법에서도 "달마 대사가 인도에서 중국에 온 것은 오직 일심(一心)의 지혜로 본분사를 실행하는 정법을 전한 것이다."라고 설했다.

불성은 일체 중생이 모두 구족하고 있는 진여본성, 진여일심, 본래면목이며, 또한 불성은 제불여래와 똑같은 지혜와 덕성(德性)이 구족되어 있다고 『화엄경』에서 설하고 있다. 따라서 불성을 깨닫는다는 것은 중생심의 번뇌 망념과 생사에 윤회하는 고통에서 해탈하는 깨달음이며, 여래의 지혜광명으로 일체 중생을 구제하는 제불여래의 본원(本願)을 실행하는 본분사의 일이다.

조사선에서는 불성을 진여본심, 본래면목, 평상심, 무심(無心)이라는 말로 바꾸어서 설한다. 마조도일 선사는 "평상심(平常心)이 도(道)"라고 단적으로 설하는데, 여기

서 말하는 평상심은 범부 중생의 번뇌 망심[凡夫心]이 아
니라 순일한 진여본심의 지혜이며, 일체의 대상경계에
매몰되지 않고 무애자재하고 평등한 평상심이다.

　불지견으로 중생심의 번뇌 망념을 자각하고, 본래 청
정한 진여본성(불성)을 깨달아 회복하는 선의 수행은 진
여본심이 반야 지혜로 시절인연에 따른 지금 여기, 자기
본분사의 일상생활을 평안하고 안락한 도(道)의 삶이
되도록 하는 것이다. 그래서 선은 자신을 평안하게 하는
안락의 법문[安樂法門]이라고 했다.

선불교의 정의

　선불교는 제불여래와 조사가 일체 중생은 모두 여래
와 똑같은 불성과 지혜를 구족하고 있다고 설한 진여법
(불법)을 각자가 여법하게 수행하고 깨달아 정법의 안목
을 구족하여 제불여래의 지혜와 덕성을 이룰 수 있는
참된 인생관을 확립하고 안신입명(安身立命)의 삶을 실천
하는 생활의 종교이다.

　이러한 선불교의 사상을 한마디로 요약하면, 각자의
인생관의 혁신이라고 하겠다. 즉, 선불교는 일체의 권위
나 형식 관념에서 탈피하여 인간 각자의 본래 자연 그
대로의 참된 자아(불성)를 깨닫고 지금 여기에서 지혜로

운 삶을 창조하는 현실성의 종교이다.

이처럼 선은 남의 일을 문제로 하는 종교가 아니다.

임제의현(臨濟義玄, ?~866) 선사가 설한 법문처럼, 언제나 지금 여기, 자기 자신이 잠시라도 자아의식의 중생심으로 사량분별하거나 의식의 대상경계에 집착하는 번뇌 망념에 타락하지 않고, 시시각각 자신의 진여본심을 자각하고, 자기가 주인이 되어 살아가도록 강조하고 있다. 임제는 "곳에 따라 자각적인 자기가 주인이 되어 살아간다면 일체의 모든 곳이 그대로 진실의 세계이다[隨處作主 立處皆眞]."라고 설했다.

이러한 조사선의 선불교의 정신을 다음과 같이 요약할 수가 있다.

선불교는 지난날 제불 여래와 조사들의 수행과 정각(正覺)을 모범으로 하여, 경전과 어록을 통해서 정법의 안목을 구족하고 우리들 각자가 성스러운 인격의 주체인 진여본심(본래면목)을 자각하는 것이다. 제불 여래와 조사들과 똑같은 정법(正法)의 안목으로 수많은 방편의 지혜를 구족하여 제불여래와 조사들과 똑같이 진여법계의 세계에서 유희하며, 지금 여기, 시절인연의 자기 본분사의 일에서 중생구제의 보살도를 전개하는 생활종교이다.

『법화경』에 "제법은 본래로 항상 적멸(열반)의 경지이다. 불도를 수행하는 사람은 본래 청정한 열반(절멸)의 경지를 깨달아 체득해야 부처의 지혜를 이룬다[諸法從本來, 常自寂滅相, 佛子行道已 來世得作佛]."라고 설한다. 그러나 중생은 무지 무명으로 본래의 진여본성을 상실하고 비본래(非本來)의 중생심으로 살고 있다. 그래서 정법의 안목으로 번뇌 망념의 삶에서 발심수행하여 본래(本來)의 청정한 진여본심[本來面目]을 회복해야 한다고 설했다. 선불교는 제불여래의 지혜(안목)로 각자의 인생관과 종교관을 확립하여 일체의 망념과 근심, 걱정, 불안과 초조에서 벗어나 편안하고 여유 있게 각자 본분사의 일을 유희삼매(遊戲三昧)로 사는 것이다.

이러한 선불교의 사상은 수행자 각자의 원력과 여법한 실천수행으로 사유하고 참구하여 체득한 정법의 안목과 깨달음의 확신에서 가능한 것이다.

그래서 선불교는 자기 본래의 불성을 깨달아 회복하는 돈오견성(頓悟見性), 견성성불(見性成佛)을 강조하는 자각의 종교이다. 『법성게』에서도 "깨달아 증득한 지혜로 알 수 있는 것이지 중생심의 사량분별로서는 알 수 없는 경지[證智所知非餘境]"라고 읊고 있다.

2

선의 풍토

인도의 기후와 풍토

세계의 문화를 유형별로 나눠 그 특징을 간략하게 살펴보면, 그리스의 문화는 다분히 철학적 내지 예술적이라고 할 수 있다. 이것은 그리스의 고대 건축이나 조각, 음악, 미술 등을 통해서 알 수 있다.

이에 반해서 인도의 문화는 종교적이라고 할 수 있다. 요가나 명상 사유법은 인도 문화 전반에 걸쳐 토대가 되고 있으며, 수많은 신(神)에게 찬가를 올리는 베다(veda)와 우파니샤드의 문헌은 그러한 사실을 잘 대변해 주고 있다. 즉 인간의 현실적인 고통과 괴로움[苦]을 참고 살아야 하는[忍土] 사바(沙婆; sahā)세계라고 보고, 이러한 중생의 윤회세계에서 해탈하기 위해 여러 가지 다양한 종교 사상가가 요가나 명상, 고행 등의 수행법을 제시하고 있다.

한편 중국의 문화는 상당히 정치적이며 세속적이라고 할 수 있다. 충효(忠孝)의 정신과 인간 도덕의 윤리 사상을 강조하는 유교(儒敎)의 교육은 현실생활을 절대 긍정하는 인간의 윤리적인 생활문화를 중심으로 이루어진 것이다. 인간 윤리와 도덕적인 삶은 유교 정신의 중심이 되고 있다. 따라서 유교에서 말하는 교(敎)는 종교적인 의미의 가르침[敎]이 아니라 인간 교육의 교(敎)이며, 인격을 형성하는 학습의 교육[敎]이다.

말하자면 유교의 교(敎)는 인간의 도덕적인 행실과 윤리적인 예의범절을 가르치고 배우는 학습[學而時習]의 교육으로, 예교(禮敎)라고 할 수 있다.

일반적으로 문화(文化) 혹은 문명(文明)이란 인간의 사유가 만들어 낸 생활의 지혜로써 개발된 언어와 문자, 그것으로 이루어진 사상과 사고 능력, 지혜 등을 사람들과의 대화나 언어문자로 이루어진 지적 산물을 통해 교류하는 사상과 문학, 예술 등을 총칭한다. 사실, 인간의 모든 사고와 사상, 의식은 모두 언어문자로 구성된다. 인간은 언어문자의 문화와 문명으로 자신의 지혜로운 삶을 창조하고 건립하는 것이다.

그런데 이렇게 세계의 문명 내지 문화를 통해서 살펴

볼 때 세계의 어느 종교 문화나 철학에서도 찾아볼 수 없는 인도의 독창적인 문화의 하나가 요가(yoga), 사유와 명상의 문화를 개발했다는 점이다. 인도에서 발생한 요가의 사유 문화는 인도의 모든 종교나 철학, 예술 사상 등 인도의 전 문화를 배양시킨 원동력이 되었다.

B.C. 3000~2500년경에 성립된 고대 인더스(Indus) 문명의 유적지인 모헨조다로(Mohen-jodaro)나 하라파(Harappa) 등의 지역에서 발견된, 요가 명상을 하는 모습이 새겨진 인장(印章)과 성자(聖者)의 흉상(胸像)에서도 확인할 수 있는 것처럼, 사실 요가 명상의 문화는 B.C. 1500년경에 인도를 침입한 아리아(Arya) 민족에 의해서 이루어진 문화가 아니다. 그것은 인도 고대의 토착민들에 의해 만들어진 독창적인 명상과 사유(思惟)의 문화이다.

특히 모헨조다로, 하라파 등의 인더스 문명의 유적지에서 발견된 활석제(滑石製)로 만들어진 인장(印章)에는 신(神)의 모습과 환상적인 그림, 성스러운 나무 등 반상형(半象形) 문자와 400여 종에 달하는 음절문자와 표의문자 등 기호가 새겨져 있으나 아직 이를 해독하지 못하고 있다.

그 가운데 모헨조다로에서 출토된 3개의 인장 가운데 수주(獸主; Pasupati)의 모양과 요가의 좌선상(坐禪像)의 모양을 새긴 문양들이 보이고 있다.

이것은 고대 인도 원주민들의 생활에서 요가라는 사

유와 종교적인 의식의 행위(실천)가 이루어졌었다는 사실을 증명하는 자료이다.

요가상이 새겨진 인장을 살펴보면, 좌선상 위에 양다리를 벌리고 앉아 두 손을 양쪽의 무릎 위에 가볍게 올려놓고, 엄지손가락을 받치고 있는 듯한 느낌을 주고 있다.

또 모헨조다로에서 출토된 유물 가운데에는 실제로 요가 수행자의 모습을 하고 있는 석제(石製)의 흉상이 발견되었다. 이 흉상은 B.C. 2000년경의 작품으로 추정되는데, 오늘날 수행승들이 가사를 걸치고 있는 것처럼 오른쪽 어깨의 맨살이 드러나는 의상을 걸치고 있으며, 눈은 반쯤 뜨고, 코는 높이, 입은 꼭 다문 표정을 하고 있는 용모가 바로 요가수행을 하고 있는 성자의 모습이라고 할 수 있다.

고대 인도 지역에서 살았던 원주민(토착민)들에 의해서 독창적인 사유법인 요가가 발생하게 된 원인은 무엇일까? 다시 말해서, 요가나 선이 인도에서 발생할 수 있었던 여건이나 환경은 무엇이었을까? 필자는 그 중요한 요인의 하나를 인도가 위치하고 있는 지리적인 조건과 기후 등 풍토적인 입장에서 찾아보려고 한다.

풍토(風土)란 인간이 살고 있는 시간과 공간, 생활환경 전부를 말한다.

인간은 자기가 살고 있는 생활환경 속에서 사유하고

노력하여, 보다 더 살기 좋은 생활의 지혜와 종교적인 삶을 추구한다. 요가 명상도 고대 인도의 토착민들이 인도의 지리적·기후적 생활환경 속에서 생활의 지혜로써 이룩한 종교 문화이기에 그러한 요가 명상이 형성될 수 있었던 여건과 환경 등을 선의 풍토로 살펴볼 필요가 있다.

인도는 지형적으로 북쪽에는 세계의 지붕 히말라야 산맥이 웅장하게 뻗어 있고, 왼쪽에는 인더스 강, 오른쪽에는 갠지스 강이 흐르고 있으며, 기후적으로는 서남(西南) 계절풍이 부는 몬순(monsoon)지대에 위치하고 있다.

몬순지대는 약 반 년을 주기로 겨울에는 대륙에서 대양으로, 여름에는 이와 반대로 대양에서 대륙으로 바람의 방향이 바뀌는 대륙 변방 지대이다. 남아프리카나 동남아시아 여러 나라도 여름에는 비가 많이 내리는 우기(雨期)가 지속하는 몬순지대에 속하지만, 인도와는 강우량이 비교도 안 될 만큼 적다.

인도는 이러한 계절풍이 부는 4월에서 7~8월까지의 우기에는 거센 비바람이 불어 닥치며 많은 비가 내리기 때문에 사람들이 밖에서 일을 할 수 없고, 여행을 자유롭게 다닐 수도 없다.

인도인이나 동양인들은 집을 짓고, 가정을 가꾸며, 농사일을 하면서 안정되고 정착된 생활을 영위하는 농경 문화인이다. 따라서 흙, 비, 바람 등 모든 자연환경과 더불어 조화를 이루면서 살아가는 생활의 지혜를 가지고 있다. 인도인들도 계절풍과 더불어 닥쳐오는 비바람에 저항하지 않고, 자연의 은혜를 받아들이며 순응하는 생활을 한다.

사막에서의 비(물)는 생명수이며 감로수이다. 마찬가지로 농경 생활에서 비는 생명수이고, 대지의 모든 사물과 존재를 양육시키는 것이다. 때문에 인도인들은 대지의 생명수인 그러한 자연의 은혜를 받아들이기 위해 조용히 집에서 신의 은총을 기원하는 명상(瞑想)이나 사유(思惟)를 하며 몬순이 끝날 때까지 기다린다.

사막의 환경에서 살고 있는 사람들이나 유목민들은 보다 좋은 생활환경과 자연의 은혜를 차지하기 위해 항상 장소를 옮겨 다닌다. 이러한 유목민들의 생활 풍습에서는 요가 선정의 안정된 사유의 문화가 이루어질 수 없는 것이다.

이처럼 고대 인도인들은 거센 몬순의 우기에는 외부의 출입을 자제하고 가만히 집에서 안주하며 신(神)을 사유하거나 자기 자신의 존재를 관찰하는 요가의 선정(禪定)을 하게 되었다고 볼 수 있다. 불교에서도 석존(釋尊) 당시부터 이 기간에는 유행(遊行)을 하지 말고, 정사(精舍)나 사원에 머물면서 안거하며 자신의 허물을 성찰하고 반성하는 자자(自恣)와 포살(布薩), 선정의 수행을 하도록 했다. 그래서 불교의 교단에서는 이러한 기간을 하안거(夏安居)라고 한다. 참고로 안거(安居)라는 말은 범어 vassa로서 비(雨)라는 뜻이다.

프랑스의 유명한 작가 알베르 카뮈의 스승인 장 그르니에(Jean Grenier)의 『섬[孤島]』에는 다음과 같은 일절(一節)이 나온다.

> 오늘날 사상으로 볼 때 지리적인 연구는 유용한가? 무용한가? 에 대해 시론(試論)을 쓰는 것이 오히려 적절하지 못한 것이 아닐까 생각한다. 간디를 방문하기 위해 온 인도인 단 유바르 무게르지는 그때 간디가 이렇게 말했다고 전하고 있다. "우리들의 민족은 풍토에 의해 명상을 만들어 내게 되었다."라고. 이 말은 지형학적인 결정론을 긍정하고 있는 것이라고 생각한다. 그러나 간디는 곧바로 이와 같은 조급한 결론을 부정했다.
> 그것이 똑같은 풍토에서 살고 있는 모든 민족에게도 진실이라면, 그것은 지형학적인 결정론이 되고 말 것이다. 예를 들면, 아프리카 민족은 우리 인도인과 아주 비슷한 기후에 살고 있다고 생각하지만, 그들은 명상을 하지 않는다. 성스러운 사람들은 히말라야의 눈 덮인 동굴 속에 앉아 신(神)에 대하여 명상한다. 따라서 그대도 풍토가 인도의 정신[魂]을 만들었다고 말해서는 안 된다. 인간의 정신이 풍토를 활용한 것이다.
>
> (무게르지 「내 형제들의 얼굴」)

지극히 지당한 말이다. 몬순의 계절풍이 불어 닥치는 인도의 기후와 풍토가 인도인의 정신문화인 요가 명상을 만든 것이 아니라, 인도인들의 정신과 예지로 그러한 풍토를 활용해서 요가 명상의 사유법인 종교 문화와 지혜로운 삶의 생활을 창조한 것이다.

일본의 철학자인 와츠지 데츠로(和辻哲郎)는 『풍토(風土)』(岩波書店, 1935년)에서 "인간은 과거를 짊어지고 있을 뿐만 아니라 특수한 풍토적인 과거를 짊어지고 있다. 풍토는 가끔 오해되고 있는 것처럼, 인간 이외에 존재하는 자연이 아니다. 예를 들면 그 토지의 특유한 추위에 견딜 수 있는 독특한 양식으로 집을 만드는 관습과 같이 그 민족의 정신 구조 가운데 깊이 박혀져서 구현되고 있는 것이다."라고 논한다.

인도의 몬순이라는 계절풍과 기후적인 풍토에서 요가, 사유의 문화가 만들어진 것처럼, 풍토는 인간의 생활 문화와 습관에 있어서 중요한 환경을 부여하고 있다고 볼 수 있다.

숲의 사유와 사막의 사유

오늘날의 세계 종교의 형성을 지리적 환경과 풍토적인 입장에서 크게 두 가지로 나누어서 살펴볼 수가 있다. 그 하나는 인도나 중국 등 동양에서 발생한 모든 인간문화와 철학 사상을 숲의 종교로, 그리고 이스라엘과 아랍 등 사막적인 풍토에서 발생한 유태교나 이슬람교 등의 일신교(一神敎)를 사막의 종교로 구분하여 이러한 종교 문화가 발생하고 성립될 수 있었던 인간의 사고를 풍토적인 입장에서 고찰해 볼 수가 있다.

먼저 동양의 종교 문화가 '숲의 종교'인 것은 자연과 더불어 인간의 삶을 전개하는 생활환경을 갖고 있기 때문이다. 숲의 종교는 대지성(大地性)인 대자연의 환경 속에서 자급자족하는 농경문화의 생활환경과 풍토에 근거한 인간의 사유에서 성립된 종교이다.

인간의 의식주를 해결하는 농토는 물론 산과 강물, 나무와 풀이 무성한 자연 환경 속에서 부락과 마을을 형성하고 집단적인 부족사회를 구성하며, 안정되고 평화스러운 생활을 영위하는 인간 중심의 사회라고 할 수가 있다. 이러한 평화스러운 농경 생활의 촌락사회에서 인간 각자가 안정된 요가 명상과 사유를 통하여 참된 삶의 가치와 인격을 형성하기 위해 노력하는 인간적인 종교가 형성될 수 있는 것이다.

따라서 숲의 종교에서는 인간과 자연이 불가분의 관계로서, 인간이 자연의 모든 만물과 하나라는 만물일체(萬物一體)의 사고가 자연스럽게 형성되었다. 따라서 인간도 대자연의 일부일 뿐이라고 여기며, 자연을 사랑하고 자연과 대화하며, 자연과 더불어 동화하는 삶으로 인간의 생활을 영위하며 문화적인 삶을 창조하면서 살아왔다.

이에 반하여 사막의 종교에서는 태양 중심[天日性]으로 생활의 토대(기준)를 형성하며, 절대 창조자인 신(神) 중심의 종교 문화가 자연스럽게 형성되었다. 그것은 천지 만물의 창조자이며 전지전능한 절대 초월자인 유일신(唯一神)만을 믿고 따르며, 다른 어떤 신이나 존재도 인정하지 않는 사고이다.

사막에서 성립된 종교는 한결같이 자기들이 신봉하는 유일신을 절대자로 여기며 다른 부족들이 주장하는 신은 인정하지 않는다. 이러한 종교 문화는 사막이라는 환경에서 살고 있는 인간의 환경 풍토와 관련된 집단 중심의 편협한 사고방식에서 발생한 종교 문화라고 할 수 있다.

사막에는 목축업을 하며 사는 유목민들이 많다. 그들은 양떼와 가축을 몰고 다니며, 보다 나은 생활환경을 찾아다닌다. 즉, 목축업을 경제생활의 기반으로 하며 살아가고 있기 때문에 항상 생명선과 같은 물과 초원을 찾아 유랑 생활을 한다. 그렇기 때문에 숲의 종교의 풍토와 달리, 안정성이 없다.

특히 사막에서 물은 인간의 생사를 결정짓는 생명수

이기에 무엇보다도 귀중하다. 이러한 생명수는 하늘에서 내려 주는 빗물이기에, 어떤 절대 존재인 신(神)이 내려 주는 선물이라고 생각하게 된다. 그들은 하늘에 있는 신이 은총을 베풀어 생명수를 내려 준다고 생각한다. 따라서 인간은 신의 은총과 은혜를 받기 위해서는 신에게 절대 복종해야 하며, 신에게 반항하면 가혹한 저주와 형벌을 받게 된다고 믿게 되었다.

그래서 사막에서 형성된 종교는 한결같이 유일신의 종교이며, 또한 신에 절대 복종하는 종교 문화를 주장하고 있다. 그리고 사막에서는 물(비)을 하늘에서 신이 내려 주는 생명수라고 생각하고, 신이 내려 주는 그 생명수와 신의 은혜를 서로 차지하고 좋은 생활공간과 영토를 차지하기 위해 부족 간의 전쟁이 끊이지 않는, 피의 역사를 이루고 있다.

숲의 종교에서는 인간 각자가 윤리적인 입장에서 자기의 도덕적인 행위와 인격과 삶의 가치 기준을 설정하고 살아가는, 자각적이며 평화적인 종교관을 가지고 있다. 인간과 인간 사이의 윤리적인 관계나 행동은 물론, 각자 자신의 의지와 서원과 원력으로 인격적인 향상을 추구하며 자기의 새로운 삶을 창조하도록 하고 있다.

각 개인의 사회적인 윤리관이 자기 자신의 행위에 대한 명예나 부끄러움의 자각으로 이루어지는 것은, 인간 각자가 자기 의지와 자각적인 인격을 형성하고 있음을 말한다.

미국의 문화인류학자인 루스 베네딕트(Ruth Benedict)는 『국화와 칼(The Chrysanthemum and The Swod)』(1946년 간행)에서 동양의 윤리적인 인간 중심의 입장을 "명예[名]와 부끄러움[恥]의 문화"라고 정의하고, 또 서양에서 인간 행위의 모든 가치 기준을 신 중심으로 두는 입장을 "죄(罪)와 벌(罰)의 문화"라고 정의한다.

예를 들면, 서구에서 많이 사용하는 계약(契約) 혹은 서약(誓約)이란 말은 인간이 신에 대하여 맹세하는 것을 의미한다. 인간이 어떤 나쁜 행위를 한 죄(罪)는 반드시 신이 벌(罰)을 내리게 된다는 사고가 다름 아닌 사막적인 사고에서 발생한 죄와 벌의 문화이다.

그와 관련한 대표적인 작품이 도스토예프스키의 『죄와 벌』이다. 이처럼 사막이라는 풍토에서 살고 있는 인간이 신 중심의 사고에서 만들어진 종교 문화를 갖게 되었다.

원환적인 사고와 직선적인 사고

그러면 숲의 종교와 사막의 종교가 갖는 세계관을 통해서 살펴보자.

숲의 종교에서는 원환적인 세계관을 가지고 있는 데 반하여 사막의 종교에서는 직선적인 세계관을 가지고 있다고 할 수 있다.

인도의 여러 종교에서 주장하는 윤회설도 숲의 풍토에서 형성된 사고라고 할 수 있다. 우파니샤드 철학이나 불교의 윤회사상도 사계절의 변화가 분명하고, 씨를 뿌리고 가꾸며 열매를 수확하는 농경 생활의 풍토적인 사고에서 이루어진 종교 문화라고 할 수 있다. 이러한 윤회설이 사막의 종교에서는 일체 언급되지 않는 점은 그러한 사실을 단적으로 증명하고 있다.

한편 사막의 종교에서의 직선적인 세계관은 이 우주가 절대자인 신에 의해 창조되었기에 영원한 것이 아니고, 어떤 종말을 향해 일직선으로 나아가고 있다는 사고이다. 창조가 있으면 반드시 종말이 있기 마련이다. 우리들 인간도 거기에서 예외의 존재가 아님은 물론, 신의 절대적인 섭리와 신의 뜻에 따라 절대 복종해야 한다는 사고가 형성되었다. 따라서 신에 대항하거나 복종하지 않으면 무서운 저주와 형벌이 내려진다고 생각한다.

사실 이러한 직선적인 세계관에 입각한 사고는 사막의 풍토에서 전개되는 인간의 행동과 판단에 근거를 둔 생활 기준에 의거한 사고방식이라고 할 수 있다.

사막에서 인간이 길을 갈 때는 혼자 갈 수가 없다. 반드시 길을 안내하는 안내자(랍비)가 필요하다. 그리고 태양이 내리쬐는 더운 낮보다는 밤에 길을 가는 것이 훨씬 유리하다. 밤에 사막을 걸어갈 때는 지상의 물건을 이정표로 할 수가 없기 때문에 하늘의 별을 이정표로 삼아 길을 간다. 인간이 사막에서 살 수 있게 하는 생명수나, 길을 갈 수 있게 하는 이정표가 모두 하늘에 기준을 두고 있다. 그렇기에 사막적인 풍토에서의 인간은 자연히 하늘에 어떤 절대적인 신(神)의 존재자가 있을 것이라고 상상하고, 철저하게 믿게 된다.

그리고 사막에서 길을 갈 때는 반드시 일직선으로 길을 가야 물이 다 소모되기 전, 가능한 짧은 시간 안에 물이 있는 곳(목적지)에 도달할 수가 있는 것이다. 사막에서 머뭇거리거나 길을 잃어버리고 헤매면 물이 없어져 죽게 되기 때문이다. 사막에서 물은 생명수이며, 생명 그 자체라고 할 수 있다.

그리고 사막에서 길을 갈 때에 두 갈래 길을 만나게 되면, 즉시 A 쪽이나 B 쪽의 어느 한쪽 길을 선택하여 곧장 걸어가지 않으면 안 된다. 빠른 판단과 선택을 하지 않고 머뭇거리며 시간을 낭비하면 죽음만 있을 뿐이다. 종말을 향해 일직선으로 나아가는 절박한 갈림길에서의 인간은 어느 한 쪽의 길을 빨리 선택하여 나아가야 할 결단성이 필요하다.

따라서 사막의 풍토에서 성립된 인간의 사고는 순간순간 A나 B, 어느 한쪽 길을 분명하게 선택하고 판단해서 확실하게 방향을 잡고 나아가야 한다. A나 B, 선(善)과 악(惡)의 구분과 결정은 물론 명확히 선택하고 판단하여 즉시 행동으로 옮겨야 살 수가 있다. 사막에서의 판단중지는 스스로 죽음을 자초하는 행동이다.

또한 사막에서 인간이 나아갈 길은 일직선이며, 갈림길에서의 선택과 판단의 기준은 어느 길로 가야만 물이 있는 곳으로 갈 수 있는가이다. 이슬람교에서 마호메트가 주장하고 있는 행위의 기준이 되는 이상적인 의무론을 '샤리아(Shariah)'라고 하는데, 이 말의 본래 의미가 '물이 있는 곳에 이르는 길'이라고 한다.

한편 숲의 종교적인 풍토에서 원환적인 사고가 형성될 수 있는 것은, 인간이 숲에 들어갔을 때를 상상하여 생각할 필요가 있다. 숲에서는 물이 없거나 먹을 것이 없어서 굶어 죽을 염려가 없다. 개울물이 흐르고, 나무의 열매나 과일, 식물과 뿌리 등 먹을 것은 얼마든지 있다.

그래서 빨리 그 숲에서 빠져 나갈 필요는 없기에 여유가 있고, 사유를 즐기며 자기가 가야 할 길을 판단한다.

또한 A쪽이냐, B쪽이냐! 어느 쪽을 선택할 것인가? 이에 대한 성급한 판단은 중지하고 선과 악이라는 분별과 순간적인 판단은 보류하는, 여유가 있는 사고이다. 그러한 판단은 동양적인 사상에서 볼 때 일시적이며, 일방적인 편견이 될 수도 있고, 일우의 견해가 되기 때문이다. 절대적인 선도 없으며 또한 결정적인 악도 없다. 선악의 판단 기준은 자기중심적 사고이며, 성급한 결정과 좁은 소견과 경박한 범부의 행동이 될 수가 있는 것이다. 판단의 기준과 보는 시각이나 관점을 달리해 볼 때, 선이 악이 될 수도 있고, 또한 악이 선이 될 수도 있다는 것이다.

따라서 성급하고 경박한 범부중생의 좁은 안목과 결단보다는 선각자의 폭넓고 깊은 지혜와 사유방법을 배우고 스스로 깨달아 진리를 관찰하는 힘을 얻는 것이 보다 현명하고 올바른 판단으로 많은 사람들에게 이익과 도움이 된다는 사고가 형성된다.

이러한 전체적이고 폭넓은 숲의 사고가 형성되는 배경은 다음의 관점으로도 살펴볼 수가 있다.

어떤 사람이 숲에서 길을 잃어버렸을 때, 사막에서 길을 가는 사람처럼, 반드시 어느 한쪽 길을 선택하여 일직선으로 가야 할 필요는 없는 것이다. 왜냐하면 숲속에서는 아무리 오래 헤맨다고 할지라도 물이나 먹을 것이 없어서 굶어 죽을 염려는 없으며, 또한 발길이 닿는 대로 어디를 향해 가도 길을 찾아갈 수가 있다.

그리고 나무나 바위 등 어떤 곳에라도 자기가 지나온 길에 표시를 할 수가 있기에, 두 번 다시 그 길에서 헤매지 않을 수가 있다. 자연의 모든 존재는 각자 독자적인 모양(형상)과 색깔, 특성을 지니고 있으며, 똑같은 것이 없기 때문에 어떤 사물에 이정표를 표시해도 헤매지 않는다. 숲속에서 이정표를 남기는 일은 사실, 남을 위한 배려라기보다 자신이 이 길에서 두 번 다시 헤매지 않기 위한 표시이다.

숲속에서 헤매다가도 뜻하지 않게 노다지를 만날 수도 있으며, 또 자기가 노력하여 안전하고 무사히 쉽게 나갈 수 있는 길을 개척할 수도 있다.

또한 먼저 이 숲에 빠져서 많은 고생을 한 선각자가 표시해 둔 고마운 이정표도 만날 수가 있다.

그런데 인간이 숲에서 빠져 나와야 할 이유는 무엇인가?

동양적인 종교의 사고에서 숲[稠林]이란 무질서와 잡다한 중생심의 차별 세계이다. 따라서 중생심으로 상징되는 숲은 무지(無知)와 무명산(無明山), 불안(不安)한 곳이며 두려움, 공포, 초조, 근심, 걱정에서 벗어날 수 없는 괴로움의 세계이며 어렵고 힘든[苦] 곳이다.

인도에서는 이러한 숲의 세계를 사바(sahā), 즉 사바세계 혹은 고해(苦海)라고도 표현하고 있다. 중생은 이러한 괴롭고 힘든 세계에서 벗어나기 위해 숲에서 빠져 나와 자신의 평안한 본래의 집으로 되돌아가려고 한다.

먼저 그 숲에서 헤매다가 자신이 표시해 놓은 이정표

나 혹은 옛날에 어떤 사람이 표시해 둔 이정표를 따라서 빠져 나오는 것이 가장 현명한 방법이다. 때문에 동양의 숲의 종교는 그 숲에서 직접 길을 가다가 자신이 체험한 사실을 이정표와 선각자들이 표시한 경험의 이정표에 의거하고 있다. 후대의 사람도 숲에서 선각자들이 표시한 그 이정표의 안내를 확신하고 평안한 마음으로 스스로 숲에서 벗어날 수가 있고, 편안한 각자의 가정인 집[家]으로 되돌아갈 수 있는 것이다.

『유교경』에 석가세존이 "나는 길을 안내하는 도사(導師)와 같고, 훌륭한 의사(醫師)와 같다."라고 비유해서 설법했다. 말하자면 동양의 숲의 종교는 각자가 편안하고 안락한 자기의 집으로 되돌아갈 수 있는 이정표와 길을 제시하는 것이기에, 제불여래와 선각자의 가르침을 따라 본인이 직접 그 길을 따라가면서 체험하고 스스로 깨달아 체득한 방편의 지혜를 구족하여, 각자 자기의 집으로 되돌아와 평안한 삶을 실행할 수 있다.

선불교의 가르침과 실천구조도 이와 똑같다. 각자의 진여본심(본래면목)은 자신의 편안한 집이고, 외출하여 숲속에 빠져 있는 것은 번뇌 망상과 사량분별, 차별심, 분별심에 허덕이는 자신의 중생심이라고 할 수 있다. 괴로움[苦]은 각자가 본래 청정한 진여본심[佛性]을 상실하고 중생심의 번뇌 망념에 빠져있을 때 느끼는 정신적인 불안이다. 다시 말해, 번뇌 망념이란 숲속에 빠져서 불안, 근심, 걱정, 초조, 공포, 두려움을 느끼는 고통인 것이다.

그러나 제불여래와 선각자의 가르침을 이정표 삼아 따라가면, 곧바로 번뇌의 숲에서 빠져나와 본래 자기의 편안한 집인 진여본심으로 되돌아갈 수 있다. 그렇게 하면 더 이상 번뇌 망념의 숲에서 쓸데없이 시간을 낭비하거나 정신적·육체적인 고통으로 괴로워할 필요가 없다.

선불교의 사상과 수행법도 이러한 숲의 풍토에서 선각자의 체험과 경험으로 제시한 법문(이정표)에 의거하여, 각자가 발심수행하여 깨달아 정법의 안목을 구족하고 본래의 자기 집(불성)에서 평안한 본분사의 삶을 방편의 지혜로 사는 것이다.

3

자각의 종교

선불교는 자각의 종교

동양의 거의 모든 종교는 사막의 풍토에서 이루어진 종교처럼 어떤 절대 유일신을 믿고 따르는 종교가 아니다. 제불여래가 깨달아 체득하여 설한 방편법문을 확신하고, 각자가 발심수행과 방편법문을 수행하여, 제불여래와 똑같은 지혜를 깨달아 체득하는 자각의 종교가 바로 동양의 종교이다.

제불여래가 설한 방편법의 가르침이 더없이 위대하고 존귀한 것은 맹신적으로 믿음을 강요하지 않고, 각자가 진여본심의 진실한 지혜의 생명을 깨닫고 정법의 안목을 구족하여 각자 홀로 자립(自立)하고, 스스로 창조적인 삶을 창조하고 건립(建立)하라고 법문을 설한 점이다.

제불여래가 깨닫고 설한 방편법문(方便法門)은 일체
중생이 모두 본래 구족하고 있는 진여본성(眞如本性)을
여법(如法)하고 여실(如實)하게 방편법문을 수행하여 깨
닫도록 설한 법문이다. 제불의 방편법문은 임시방편의
언설로 설한 법문이지만, 중생심의 차별심과 분별심을
초월한 진여본심으로 여법하고 여실하게 수행하는 불
이법문(不二法門)이다.

진여일심으로 제불 조사들이 설한 방편법문을 여법
하게 수행하면, 제불조사와 똑같은 경지의 깨달음과 다
양한 방편지혜를 체득할 수가 있다.

이것이 일신교에서 주장하는, 신에 의존한 구원의 종
교와는 차원이 전연 다른 불교의 특징이다. 종교에서의
참된 구원은 어린아이가 어른이 되어 스스로 자기 성장
을 이루는 것이며, 의존에서 자립으로 자기를 변화하는
창조이다. 대립과 싸움 대신 화해와 용서를 가르치고 폭
력과 무자비가 자비와 사랑으로 전환할 수 있는 지혜의
안목을 구족하는 것이다.

현실의 어려운 차안(此岸)과 정토의 평안한 피안(彼岸)
도 이 현실 속에 존재하고 있는 것이며, 이 한 마음속에
서 실행되고 있다는 사실을 정법의 지혜로 자각하고 분
명히 깨닫게 될 때, 자립적인 자신의 생활종교가 실행될
수 있는 것이다.

선불교는 인간을 어떤 절대 존재를 내세운 신이나 부처에 연결하거나 종교의 가르침에 귀속시켜 종교적인 사고의 틀에 속박하는 법문이 아니라, 정법의 안목을 구족하여 자신의 현재 실상을 자각하고, 현실의 삶을 사는 인간이 되도록 정법의 지혜로 자신 있게 창조적인 삶을 살 수 있는 확신을 체득하도록 제시한 고등종교이다.

다시 말해, 선불교는 단순히 불법의 지식이나 진리를 가르치는 종교가 아니다. 물론 제불여래가 설한 대승경전이나 조사의 어록을 통하여 깨달음의 말씀이나 진리의 세계, 그리고 그러한 깨달음의 경지를 각자가 체득할 수 있는 선의 사상과 수행 방법 등에 대해서 기본적인 교육을 받지 않고선 불가능한 일이지만, 단순한 가르침을 통해서 언어문자의 대상으로 이해하고 받아들이는 차원에 안주하는 종교가 아니라는 말이다. 선각자들이 깨달은 정법의 법문을 직접 각자가 스스로 깨닫고, 제불여래와 조사들과 같이 깨달음의 체험을 체득한 지혜로 자기의 삶을 창조할 수 있는 정법의 안목과 방편의 지혜를 구족하는 수행이다.

불교의 가르침을 듣고 단순히 그대로 받아들이고 긍정하며 머리로 이해하는 유희가 되어선 안 된다. 이는 자신의 마음으로 제불이 설한 정법의 가르침과 같이 되고, 몸과 마음이 하나가 되어 진실된 삶을 실행할 수 있는 경지가 되도록 하는 것을 말한다. 선에서는 발심수행과 깨달음이 지금 여기, 자기 본분사의 일이 되도록 한다.

그것은 '아아! 이것이었구나! 아아! 이런 것이었구나!' 하고 마음속으로 철저히 깨닫는 것이다.

깨달음이란 자기 마음속에서 참된 자신의 본래면목을 불러일으키는 것이다. 잠자고 있다가 갑자기 깨어나는 것처럼, 이제까지 꿈속에서 몽매한 상태로 있다가 갑자기 깨어나게 하는 것이다.

자아의식의 중생심이 발심수행하여 잠자고 있는 진여본심(본래면목)을 깨워 눈뜨게 하여 새로운 주인이 되도록 하는 것이다.

『화엄경』에서 "처음 발심한 때가 곧 정각[初發心時便成正覺]"이라고 설하고, 『능가경』에서 "여래선은 자각하여 성지를 이룬다[自覺聖智]."라고 설한 것처럼, 정법의 안목을 구족해야 번뇌 망념의 중생심을 진단하고 발심수행하여 정각을 깨달아 체득하고, 진여본심의 성지(聖智)를 이룰 수가 있다.

깨달음[覺]이란, 발심수행으로 마음속에 일어난 번뇌 망념을 깨닫는 일이다. 즉 불지견(佛知見), 정법의 안목으로 발심수행하여 번뇌 망념의 중생심을 자각하고, 진여본심(본래면목)을 회복하는 일이다. 제불여래의 경전과 조사의 어록을 공부하며 선지식을 참문하여 참선하는 일은 불법의 대의를 깨닫고 정법의 안목을 구족하는 수행이다.

따라서 선불교는 깨달음의 종교, 자각의 종교, 혹은 깨닫게 하는 종교, 자각하게 하는 가르침의 종교라고 하는데, 먼저 반드시 정법의 안목을 구족해야 깨달음을 체득할 수가 있다. 안목이 없는 사람은 중생심의 번뇌 망념과 심병을 진단할 수가 없기 때문에 발심수행을 할 수도 없고 자각의 깨달음을 얻을 수도 없다.

선불교는 또한 단순히 깨달음의 체험으로 그치는 것이 아니라, 그 깨달음의 체험과 진실을 우리들의 일상생활로 실행하지 않으면 안 된다. 따라서 깨달음의 생활양식이 따르지 않으면 안 되며, 실제로 평상의 생활 속에서 자기의 몸과 마음이 하나가 된 신심일여(身心一如)로 이루어지는 깨달음이 일상생활에서 방편의 지혜로 실행되지 않으면 안 된다.

그것은 인간이 현실의 구체적인 일상생활을 떠나서 깨달음의 세계에만 살 수 있는 존재가 아니기 때문이다. 평범한 일상생활 전부를 깨달음의 생활로 살릴 수 있는 힘이 정법의 안목이며 방편의 지혜이다.

그래서 선불교를 자각의 종교, 생활의 종교, 지혜의 종교라고도 하고 있다.

종교의 의미

오늘날 일반적으로 널리 사용되고 있는 종교(宗敎)라는 말은 조사선의 선불교 어록에서 처음 설한 말이다. 따라서 자각의 종교인 선불교의 근본사상을 정확하게 이해하기 위해서는 먼저 종교라는 말의 개념부터 분명히 알아야 한다.

'종(宗)'이라는 한자는 건물의 제단(祭壇) 위에 신과 조상에게 제물(祭物)을 올리는 의식을 의미한다. 즉 종(宗)이란 글자는 신(神)을 모시는 건물이다. 중국에서의 신은 선조의 조령(祖靈)을 말한다. 따라서 종(宗)이란 조령(祖靈)을 모시는 사당으로 영묘(靈廟)를 말한다. 중국에서는 조상의 혈통과 가문을 중요시하고 매사에 조상에게 제사를 올리는 예법을 근본으로 하고 있다. 이렇게 조상을 숭배하는 정신과 의례의식의 전통에서 종(宗)이란 말에 '중심이 되는 근본바탕, 훌륭하다, 근본' 등의 의미가 파생되었다.

'종(宗)'이란 글자가 불교의 번역어로 사용된 것은 송대(宋代) 구나발타라(求那跋陀羅, 377~431)가 『능가경』 제2권을 번역하며, 종통(宗通)과 설통(說通)을 설하는 곳에 Siddhanta란 말을 사용하면서부터이다. 협주(夾註)에 "실단(悉檀)'이란 말을 번역하면 종(宗)이라고도 하고, 혹은 성취, 이치라고도 한다[悉檀者譯義, 或言宗, 或言成就, 或

言理也](T. 16-493上)."라고 해석하고 있다.

이 말은 Siddha(성취되고 완성된 것, 覺)와 anta(끝냄, 極致)의 합성어로 불교에 가르침과 수행에 의해 깨달음을 성취한 최종(最終)·지상(至上)·구경(究竟)의 경지라는 의미이다.

특히 중국불교에서 '종(宗)'에 대한 개념이 정착된 것은 앞에서 살펴본 『능가경』의 실단(悉檀)이란 말을 종(宗)이라고 번역하면서부터이다.

그 한 사례를 들어 보면, 수나라(隋代)의 정영사 혜원(慧遠, 523~592)이 『대승의장(大乘義章)』 제2권에 『능가경』의 해석을 의용하고 있는 사실로도 알 수 있다. 또 당나라 초기의 명승 규기(窺基, 632~682)의 『대승법원의림장(大乘法苑義林章)』 제1권에서도 "대개 종(宗)을 논해 보면, 숭상[崇], 존중[尊], 주체[主]의 뜻이다. 성교(聖敎)를 숭상하고 존중하고 중심으로 삼는 것이 종(宗)이라고 할 수 있기 때문이다."라고 설명하고 있다.

이처럼 중국불교에서는 불교의 종(宗)을 추구하는 것을 근본으로 삼았다. 중국불교에서의 종(宗)은 불법의 근본[中樞]이며, 중심 사상을 의미한다.

따라서 종은 불법의 근본정신을 깨달아 체험하여 완전하고 구경의 경지에 도달한 궁극적인 정각을 대변하는 종교, 종지(宗旨)라는 말로 사용하게 되었다.

이러한 깨달음의 경지는 언어나 문자로써 표현하거나

설명할 수가 없는 경지이므로 각자가 체험을 통해 깨달아 체득해야 한다. 그러한 깨달음의 경지를 체득하도록 방편의 언어나 문자로 제시한 말이 '교(敎)'이다. 즉 제불여래가 중생들을 인도하여 궁극적인 불법의 가르침인 종지(宗旨)에 도달하도록 중생들의 근기와 신심에 따라서 여러 각도로 다양하게 설명하고 설법한 방편법문의 가르침이 '교(敎)'이다.

『능가경』에서는 이것을 달을 가리키는[指月] 손가락[指]에 비유하여 설한다. 따라서 종교란 '종(宗)과 교(敎)' 혹은 '종의 교'라고 할 수 있는데, 경전을 번역하면서 중국불교에서 처음 사용한 불교를 말한다.

사실 중국불교에서는 '종(宗)과 교(敎)', 혹은 '종(宗)의 교(敎)'란 의미로 널리 사용한다.

특히 남북조(南北朝) 시대에서 수당대(隋唐代)에 걸쳐 많은 불교학자들이 인도에서 전래되고 번역된 불교의 경전을 이해하고 새롭게 해석하기 위해 다양한 경전 해석과 독자적인 교상판석(敎相判釋)을 제시했다.

그 가운데서도 유명한 것은 천태종을 개창한 천태지의(天台智顗, 538~597)의 오시팔교(五時八敎)의 교판(敎判)과 오중현의(五重玄義)이다. 천태지의는 『법화현의(法華玄義)』 제1권에서 경전의 이해와 해석의 중심 문제를 다음과 같이 다섯 가지의 기본 대의[五重玄義]를 세워 경전의 중심 사상과 내용, 가르침의 정신을 요약하고, 이해의 기준으로 사용했다.

- 석명(釋名) (名稱; appellation): 경전의 명칭에 대한 의미와 이해
- 변체(辨體) (實體; substance): 경전에서 설하는 법문의 내용과 중심 사상
- 명종(明宗) (樞要; essence, principle): 경전의 근본 종지(깨달음의 내용)
- 논용(論用) (效用; action): 경전을 읽고 배우는 효과와 공덕
- 판교(判敎) (指示; direction, instruction): 근본 종지를 체득하는 방법과 실천수행법

천태지의의 오중현의(五重玄義)는 삼론종의 대성자인 길장(吉藏, 549~623)이 『인왕경소(仁王經疏)』의 벽두에 인용하고 있는 것처럼, 수당대(隋唐代)의 많은 불교 학자들이 경전을 해석하고 이해하는 기준이 되었다.

경전의 설법 가운데서도 가장 중요한 불교의 근본정신을 종(宗)이라고 한 말과, 그러한 종지를 깨닫도록 실천적인 수행법을 제시하고 있는 것을 교(敎)라고 한 말은 역시 앞에서 살펴본 『능가경』의 종통과 설통에 의거한 것이다.

이렇게 대승경전의 근본적인 정신을 종(宗)으로 파악

하고, 경전의 종지(宗旨)를 깨달아 체득하는 방법으로 실천수행법과 방향을 제시한 가르침을 교(敎)로 밝혀 '종과 교'를 합쳐서 자연스럽게 종교라는 말을 만들어 사용하게 되었다.

중국불교에서 '종과 교'라고 사용한 사례는 다양한데, '종의 교', 혹은 '종이 즉 교'라는 의미, 종과 교를 병칭하는 경우도 있다. 이후에 '종의 교'라는 의미로 바뀌어 종은 교에 의해서 표시되어야 할 요점으로, 교는 종을 밝히는 문자나 언설인 것으로 해석되어 종과 교는 불교의 요점을 나타내는 방편의 언어와 문자라는 의미로 사용하게 되었다. 따라서 중국에서 종교라는 말은 반드시 불교를 말하며 불교의 근본 진실[要諦]을 설한 법문이 곧 종교인 것이다.

종교란 말은 불교의 지반에서 성립된 것이기에 종교란 바로 불교, 불법을 말한다.

특히 종교라는 말이 중국불교에서 최초로 일반화된 것은 교학불교의 해석적인 차원에서 벗어나 실천불교를 하는 선승들에 의해 주장된 사실에 주목해야 한다.

즉, 『속고승전』 제16권 혜가(慧可)장에 달마 대사가 혜가에게 선법을 전하면서 "내가 볼 때 중국 땅에서는 오직 이 경에 의거하여 불법을 수행해야 한다."라고 하면서 구나발타라가 번역한 4권 『능가경』을 건네주면서 했던 말이다.

달마 대사의 선법이 혜가(慧可, 487~593)로 전래되면서 선불교의 정법을 전법 계승했다고 자임한 법충(法沖) 선사나 혜만(慧滿) 선사 등 『능가경』에 의거하여 실천하며 불법을 깨닫도록 지도하였다는 능가사들의 전등 계보도 『속고승전』「법충전(法沖傳)」에 전하고 있다.

뒤에 신수(神秀) 선사의 북종선에서는 달마에게서 비롯한 이러한 능가사들의 법통설을 계승하여 자파의 전통을 『능가경』에 의거한 스승과 제자의 전법을 강조하는 새로운 인가 증명을 강조하고도 있다. 특히 북종선의 전등사서인 『전법보기(傳法寶紀)』에서는 『능가경』에서 설하는 종통(宗通)과 설통(說通)의 법문이 강조되고 있다.

또 조사선의 대성자인 마조도일(馬祖道一, 709~788) 선사는 다음과 같이 설하고 있다.

여러분은 각자의 마음이 부처이며, 이 마음의 지혜작용이 바로 부처라는 사실을 확신하라!

달마 대사께서 남천축으로부터 중국에 오셔 대승[上乘]의 일심(一心)을 전하여 그대들로 하여금 깨달아 체득[開悟]하도록 했으며, 또 『능가경』을 인용하여 중생의 심지(心地)를 증명한 것은 그대들이 전도(顚倒)된 마음으로 스스로 확신하지 않을까 염려했기 때문이다. 심법(心法)은 모두 각자가 본래 구족하고 있다. 그러므로 『능가경』

에서 말씀하시길 "불어심(佛語心)을 종(宗)으로 하고 무문(無門)을 법문(法門)으로 한다."라고 설했다.(『마조어록』 Z.119-405.d)

선종에서는 『능가경』에서 설한 제불여래의 법문을 각자 깨닫도록 강조하고 있다. 마조는 『능가경』에서 불어심(佛語心)을 종(宗)으로 하는 붓다의 마음을 각자 스스로 깨닫게 하기 위해 달마가 중국에 오게 되었다고 강조하고 있다.

『능가경』을 '불어심품(佛語心品)'이라고도 설하는 것처럼, 『능가경』은 불어심을 근본 종지로 하고 있다. 불어심은 경에서 강조하는 종통(宗通)의 입장인데, 마조는 불어심을 깨닫는 그것이 불법의 근본정신인 종통(宗通)을 성취하는 것이라고 강조한다.

『보림전』 제8권 「달마전」에는 "불심종(佛心宗)을 깨닫고 진실과 조금도 다음이 없는 사람을 조사라고 한다."고 조사의 새로운 정의를 내리고 있다.

선불교에서 깨달음의 내용이 『능가경』에서 설하는 종지인데, 종(宗)은 다름 아닌 제불여래가 설한 불법의 근본법문이며, 일체 중생이 본래 구족하고 있는 진여본심(본래면목)의 진실한 지혜를 말한다.

그래서 『조당집』 등 선불교에서는 "제불의 법문에 의거하여 종지[宗]를 깨닫는 것인데 또 다른 어떤 가르침

[敎]을 빌리려고 하는가?"라고 질책하고 있다. 대승경전
[敎]은 중생들이 진실[宗]을 깨닫도록 설법한 방편의 법
문이지 부처의 근본[宗] 그 자체는 아닌 것이다. 그것은
각자가 제불의 가르침[敎]을 통해서 스스로 깨달아 체
득해야 한다. 그래서 『능가경』에서도 "경전은 달을 가리
키는 손가락과 같은 것일 뿐, 달[月]의 진실(眞實)을 각자
스스로 자기의 눈으로 직접 봐야 한다."라고 강조한다.

또 선불교에서는 자기의 깨달음의 세계를 어떤 종(宗)
이라고 하거나 어떤 종지(宗旨), 누구의 종지(宗旨), 종풍
(宗風)이라는 말로 많이 강조하고 있으며, 선사를 종장
(宗匠), 종사(宗師)라고도 부른다. 또 누구의 종맥(宗脈),
누구의 종도(宗徒), 종도(宗嶧), 종승(宗乘)이라는 말도 널
리 일반화되었고, 또 종문(宗門), 종문중(宗門中)의 일[事]
이라고도 말하고 있는 것처럼, 종문(宗門)은 선불교의 입
장을 대변하는 말이었다.

이처럼, 종교란 말은 마조 이후 조사선의 불법의 대의
를 깨닫고 정법의 안목을 구족한 선승들이 각자 자신
의 독특한 방편지혜로 제시한 선지(禪智)의 종교를 개성
있게 펼치면서 선불교의 독자적인 선사상을 제시한 선
어(禪語)인 것이다.

예를 들면, 규봉종밀(圭峯宗密)의 『都序』에는 다음과
같이 종교란 말을 처음으로 제시하고 있다.

하택신회(荷澤神會) 선사의 시대에 이르러 다른 宗派들이 서로 다투어 번창하여 말없이 불법에 계합한 지혜만을 구하니 근기와 인연을 만나지 못했고, 또 오직 달마 대사의 예언[懸記; 달마가 나의 법이 6대 이후에 命이 실에 메달아 놓은 듯 위태롭다고 설한 예언]만을 고려했다. 宗旨가 소멸하고 단절될까 염려하여 드디어 "(반야의) 知라는 한 글자[字]야말로 수많은 지혜를 이루는 미묘한 [衆妙] 문(門)이다."라고 설했다. 수행자들의 깨달음과 안목의 깊고 얕음은 각자의 수행에 맡기지만, 宗敎가 끊어지지 않도록 힘썼으니 실로 이 나라에 큰 正法의 운수가 도달한 것이다.

종밀이 하택신회 선사가 제시한 남종 돈교의 선사상과 행화의 업적을 칭송하고 있는 일단이다. 여기에 달마 대사로부터 비롯된 중국 선불교의 근본 종지를 '종교(宗敎)'라는 말로 분명히 밝히고 있다. 종밀이 중국불교 최초로 분명히 제시한 종교라는 말은 선불교의 종지이며 선종의 사상이다. 즉 수행자 각자가 스스로 제불의 법문과 진여본심(본래면목)을 확신하고 불법승 삼보에 귀의하며, 스스로 발심수행하여 깨달아 체득한 경지를 이룬 안목과 지혜로운 삶을 창조하는 주관적인 입장이다. 그것은 오늘날 널리 사용하고 있는 객관적이고 일반적인 종교의 개념이 아니다.

종밀은 또 『배휴습유문(裴休拾遺文)』에 마조도일의 홍주종을 비판한 곳에 다음과 같이 말하고 있다.

마조도일이 처음 스승을 찾아 여러 곳을 행각수행할 때에 남악(南嶽)에 와서 회양(懷讓) 선사를 만나 자기가 깨달아 체득한 안목으로 宗敎를 논의하게 되었는데, 그가 깨달아 체득한 안목과 불법의 이치(理致)는 회양 선사의 경지에는 미치지 못했다.

『조당집』에 "마조도일[大寂] 선사의 종교", "백장(百丈)의 종교", "황벽(黃檗)의 종교" 또 위산영우(潙山靈祐) 선사가 "위산(潙山)에서 42년 동안 종교(宗敎)를 크게 떨쳤다."라고 말하고 있는 것처럼, 사실 종교는 선불교에서 선승들이 불법의 근본대의를 깨닫고 정법의 안목을 구족한 경지에서 독자적인 방편의 지혜로 설법하며 자기의 종교를 건립한 역사적인 사실을 말한다. 그래서 선불교를 자각의 종교, 지혜의 종교라고 설한 것이다.

따라서 종교란 말 그 자체는 본래 조사선의 종지를 건립한 선승들에 의해서 일반적으로 널리 사용됨으로써 선불교가 그대로 종교였으므로 부자연스럽지 않았다.

그런데 오늘날 우리들이 일반적으로 사용하고 있는 종교란 말은 선불교의 독자적인 표현이 아니라 객관적인 개념으로 널리 일반화된 용어가 되었다.

그것은 1869년, 일본이 독일의 북부 연방과 수호통상(修好通商) 조약을 체결하고 서구의 문물을 받아들이면서 'Religion'이란 말의 번역어로서 선불교의 '종교'라는 말을 대신 사용하면서부터이다. 이때부터 종교는 선불교라는 의미보다 Religion이란 말의 의미로 일반화되었다. 따라서 종교라는 언어의 개념과 내용을 이해하는 문제가 발생하게 되었다.

Religion은 라틴어의 religio에서 유래된 말이라고 한다. 라틴어인 religio는 고대 로마어로 '양심적인 것, 올바른 감각, 도덕적 의무, 신(神)에의 경외(敬畏), 신에 대한 예배, 신앙, 숭배와 존경[崇敬]의 대상, 성스러운 장소' 등의 의미를 나타내는 일상적인 말이라고 한다.

이 religio라는 말의 어원 해석에 옛날부터 다른 의견이 있다고 하는데, 크게 두 가지의 해석을 소개하고자 한다.

첫 번째, 로마의 대철학자인 키케로(Marcus Tullius Cicero, B.C. 106~43)는 'to take up(줍다), to gather(모으다), to count, to observe(관찰하다)'라는 의미가 있는 leg가 어원이며, 거기에 접두사의 re가 첨가되어 합성어 relegere가 만들어져 전화(轉化)되어 religio라는 말이 되었다고 주장하고 있다.

두 번째, 기독교의 호교학자이며 선교사인 락탄티우

스(Caecilius Firmianus Lactantius, 240?~320?)는 RE + lig(to bind)의 합성어 religere가 religio로 전화되었다고 주장한다. 락탄티우스는 최초로 기독교의 사고를 체계화하려고 노력한 한 사람이며, 이러한 어원의 해석도 그러한 입장에서 주장된 것이다.

즉, re는 '다시 한 번(again)' 그리고 ligere는 '연결하다, 결합하다'라는 의미로서 religere = religio는 '또다시 결합하다, 다시 연결하다'라는 뜻으로 해석한다.

이를 다시 정리해 보면, 원래 신과 연결되어 있던 인간이 일단 신으로부터 일탈(逸脫)되었는데, 예수 그리스도를 통해서 다시 신과 재결합되고, 연결되었다고 하는 해석이다.

이러한 해석은 서양 중세 문화를 탄생하게 한 선구자이자 철학자인 아우구스티누스(Aurelius Augustinus, 354~430)에 의해서 분명하게 지지되었고, 또 중세 스콜라 철학의 대표적인 철학자인 토마스 아퀴나스(Thomas Aquinas, 1225~1274)가 지지함으로써 서구의 많은 학자들은 거의 모두 락탄티우스의 주장대로 religion이란 말을 해석하고 있다.

따라서 이런 경우, religion의 번역어로서 서구의 기독교도들과 종교학자들이 주장하는 종교라는 말의 의미는 '신과 인간의 재결합' 혹은 '신과 인간이 관계하는 신앙 행위'라고 할 수 있다. 따라서 religion(종교)이란 일반적으로 '신과 인간과의 만남'이라는 어원 해석으로 설명한다.

사실, 종교란 말에 대한 이러한 해석은 절대적 존재인 유일신을 세우는, 사막적인 풍토에서 발생한 유태교나 기독교, 이슬람교 등에서만 통용될 수 있는 언어 개념이다. 이는 신의 존재를 부정하는 자각의 종교인 선불교에서는 의미 없는 개념이다.

석가세존이 입적에 즈음하여 제자들에게 "스스로 불법을 깨닫고, 그 정법의 지혜에 의거하여 여법하게 살라[自燈明 法燈明]."라고 설한 유훈처럼 불교는 자각의 종교이다.

최근 서구인들도 불교나 동양종교는 절대신을 신봉하지 않는 종교임을 알고, 모든 종교에 대한 어떤 공통적이고 본질적인 것을 찾아보려는 노력을 계속하고 있다고 한다. 그것은 종교라는 말을 '성스러운 것(das heilige)'이라는 의미로 추구하는 새로운 해석이다.

프랑스의 철학자이자 사회학자인 에밀 뒤르켐(Emile Durkheim, 1858~1917)은 "성스러운 것에 대한 신념과 그리고 이를 토대로 한 공동 사회가 종교의 본질적인 요소"라고 규정하면서 "불교는 신을 세우지는 않지만, 네 가지의 성스러운 진리[四聖諦]와 그러한 가르침에 의거하여 종교적인 의식과 수행, 공동 수행교단 집단(사회)이 있기 때문에 위대한 종교임엔 틀림없다."라고 말한다.

자각의 종교

사실 과거에 여러 사상가나 종교가들이 종교에 대한 여러 가지 정의를 제시하고 있지만, 세계의 다양한 인종과 민족이 주장하는 모든 종교에 적용될 수 있는 적절하고 합당한 종교의 정의란 있을 수 없다. 종교가 성립된 환경과 풍토에 따라서 종교 문화와 신앙, 수행과 생활 형태 등이 다양하기 때문이다.

즉, 절대신을 내세우는 유신론의 종교와 무신론의 종교는 사고가 완전히 다르고, 또한 인간의 사고와 사유 방법, 사물을 관찰하는 방향과 시각적인 차이에 따라서 가치기준과 판단하는 내용이 다르기 때문이다. 이것은 세계의 모든 인간에게 적용할 수 있는 윤리나 기준을 설정할 수 없는 것과 같다.

여기서는 조사선의 선불교 입장에서 종교의 정의를 정리해 보자.

앞에서도 살펴본 것처럼, "선불교는 제불여래와 조사들이 체득한 불법의 진실[宗]과 정법의 설법에 의거하여 진여본심(본래면목)을 깨달아 체득하고, 정법의 안목을 구족하는 수행이다. 따라서 각자 체득한 정법의 안목으로 일체의 대상경계에 집착하지 않고, 독자적인 방편법문을 제시[敎]하여 중생을 구제하며, 지금 여기, 시절인연에 따라서 자기 본분사의 지혜로운 삶을 건립하는 일이다. 따라서 제불이 설한 일체의 언설(言說)과 명상(名相)이나 자아의식과 의식의 대상경계를 초월하여 진여본심의 지혜로 자신의 독자적인 인생의 삶을 보살도의 공덕행으로 회향하는 일이다.

따라서 선불교는 제불여래나 조사들이 깨달음으로 체득한 진여법의 진실(본래면목)과 정법의 안목을 일체의 중생들이 수행하여 깨달아 체득할 수 있는 발심수행의 길과 방편법문의 가르침[敎]을 철저히 확신[信]하고, 여법하고 정확하게 이해[解]하여 정법수행과 실천[行]으로 각자가 스스로 직접 불법의 세계를 깨달아 증득[證]하는 일이다.

지금 사바세계에 살고 있는 중생들이 선각자인 제불여래나 조사들이 체험한 불법의 가르침과 방편법문으로 제시한 길을 따라 추체험(追體驗)하여 곧바로 진여본심을 깨달아 본래면목을 회복하고, 제불여래와 조사들과 똑같은 지혜의 안목으로 불법진실의 세계에 동행하며, 자아의 참된 인격을 창조하는 진실된 일상생활이라고 할 수 있다.

따라서 선불교는 유신론의 종교에서 주장하는 절대 유일신의 존재를 그대로 맹신하는 것이 아니라, 제불여래나 조사들이 깨닫고 제시한 진실된 정법의 가르침인 종교를 신심으로 확립하고 직접 실천수행하여 스스로 제불여래나 조사들과 똑같은 경지를 체득하도록 설한 종교이다. 제불여래나 조사들의 교시(敎示)와 진여본심을 확신하는 신심(信心)은 자기의 종교를 확립하기 위한 원력과 발심이며 자신의 무한한 지혜의 개발과 인격형성의 토대를 확립하는 본분사의 일이다.

따라서 『화엄경』에서 "신심[信]은 지혜[道]의 근본[元]이며 일체의 공덕을 이루는 모체[信爲道元功德母]"라고 설하고, 또 『대지도론』에서도 "불법의 큰 바다는 신심으로 능히 들어가 깨달아 체득할 수 있고, 방편지혜가 있어야 능히 건널 수 있다[佛法大海 以信爲能入. 以智爲能度]."라고 설한다.

불교에서의 신심은 제불여래가 설한 방편법문의 이정표[正法]를 확신하며, 진여본심을 구족하고 있다는 사실을 확신하여 깨닫고 자기가 정법의 안목을 구족하여 독자적인 선기(禪機)의 지혜를 펼칠 수 있는 종교와 인격을 형성하는 일이다. 따라서 수행자 자신도 제불여래와 똑같이 정법의 안목을 구족하고 방편의 지혜를 체득하여 중생교화의 보살도를 전개할 수 있는 능력을 갖출 수가 있다.

그리고 수행자 각자가 불법의 세계, 깨달음의 경지를 체득하여 제불여래의 경전과 조사들의 어록에서 설한 법문의 언설까지 초월하여 독자적인 안목과 방편지혜로 자신의 종교를 전개하는 것이다.

그래서 선에서는 의식의 대상경계에 제불조사나 방편 언설, 일체의 개념 등을 모두 초월할 때 비로소 자유 자재한 본래면목의 지혜를 전개할 수 있다.『대승기신론』에서는 일체의 언어문자[言說相], 명칭[名字相], 의식의 대상경계[心緣相]를 여읜 경지가 되어야 한다고 설한다.

선불교에서는 제불여래와 보살, 조사가 모두 평등한 교주이고 종조(宗祖)이며, 제불조사의 방편법문과 설법이 교설, 교법(敎法)이 된다. 한 사람 한 사람이 자각을 통해 체득한 정법의 안목과 방편지혜로 전개하는 조사 선의 선불교는 과거와 미래를 향해 무한하게 발전되고 항상 지금 여기, 자기 본분사의 일에서 새로운 자신의 삶을 창조하는 인간의 종교이다.

4

종교와 철학, 그리고 과학

종교와 과학

불교와 선(禪)은 철저한 무신론(無神論)의 입장이라고
할 수 있다.

서구의 세계 종교나 사상계도 실존주의 철학이 대두
되면서부터 급격히 무신론적인 경향으로 치닫고 있다.
따라서 서구에서도 인간 중심적 사고를 반성하며, 예지
에서 이루어진 동양의 사상과 종교에 많은 관심을 보이
고 있다. 이러한 현상은 인간 중심적 사회에서 나올 수
있는 지극히 당연하고 자연스러운 현상이라고 할 수 있
겠다.

그런데 요즘 "그러면 선은 인간의 사유로 자각된 지혜

이기에 철학이지 종교가 아니지 않느냐?"라고 질문하는 사람이 많다. 어떤 사람은 아예 "선은 종교철학이다. 선철학(禪哲學)이다."라고도 주장한다.

분명히 말하지만, 선불교는 종교이다. 앞에서 살펴본 것처럼, 종교란 말 자체가 조사선의 선승들이 독자적인 안목으로 제시한 지혜의 법문이다. 물론 종교철학이나 선철학이란 말이 터무니없는 것은 아니다.

여기서 종교와 철학의 기본적인 차이점을 살펴보고 넘어가자.

어떤 철학자에 의하면, 철학의 대상은 시대와 더불어 변천하며 학자에 따라 여러 가지이다. 따라서 철학이나 종교를 명확하게 한마디 말로 이것이다, 무엇이다, 라고 언어 개념으로 규정해 버리는 것은 곤란하다고 말한다.

예를 들면, 철학은 사물이나 어떤 존재의 실재성과 그 본질, 이치를 탐구하고, 원리를 추구하는 학문이라는 주장도 있고, 이것을 완전히 부정하면서 '인간이 어떤 사물의 원리나 본질을 과연 어느 정도까지 인식하고 탐구할 수 있는가?' 하는 문제야말로 철학의 주제라는 주장도 있다. 이 모두 다 실증적인 근거를 구하는 자연과학과는 전연 다른 영역인 것이다.

따라서 이러한 원리나 이치를 터득하기 위해선 누구의 의견이나 연구를 참조로 할 수도 있고, 또 이러한 의견이나 학설을 완전히 무시하고 독단적인 자기 사유와 노력으로 출발해도 된다.

이에 반해서 종교는 '인간이란 무엇인가? 나는 어떤 존재인가?' 또한 '어떻게 살아야 행복하고 평안한 인생을 살 수 있을까?'를 문제로 삼고 있다.

이러한 질문은 우리들 인간의 인생관과 삶의 가치관을 문제로 삼는다.

인간이 각자가 자신이 평안하고, 행복하고, 지혜롭고, 인격적인 삶을 살기를 원하고, 또 그렇게 살기 위해 노력하는 것은 인간 삶의 본질적인 요구이며 본성의 욕구이다.

그러나 미래는 누구에게나 불안하고 확실치 않다. 따라서 인간은 선각자들이 먼저 살면서 체득한 삶의 지혜를 토대로 사는 것이 가장 현명한 방법임을 깨닫게 된다. 숲의 종교에서 제시한 이정표가 후대의 모든 사람들에게 삶의 방향을 제시하는 역할을 하는 것처럼, 선각자의 체험과 철학가적인 사유는 많은 힘이 된다.

불교의 인식론에 성교량(聖敎量)이란 말이 있다.

이 말은 인간이 살아가는 가장 현명한 방법은 성현들이 체험하고 경험하여 남긴 말씀을 지남(이정표)으로, 진실을 깨달아 체득하는 길을 확신하고 따르고 추체험한다는 뜻이다. 즉, 제불여래가 체험하고 설한 방편법문을 확신하고 경전의 이정표에 따라, 경험하지 못했기 때문에 불확실하고 불안한 자기 인생의 길을 스스로 지혜의 등불로 삼고 의지하며 자신이 추체험하고 확신하면서 살아가는 것이다.

이렇게 볼 때 철학과 종교의 차이점은 철학이 자기의 사유와 노력으로 출발하는 반면, 종교는 선각자인 성현(聖賢; 敎主)의 교법과 방편법문을 신심으로 확고히 하고 자신의 수행길을 출발할 수 있는 토대와 근거로 삼는 것이다.

또 철학은 인간의 구조나 삶의 근본 원리를 탐구하는 지적인 학문으로, 철학자의 인간성이나 인격·사상·행위와 관계없이 자기의 철학적인 사유와 사고를 논리화하고, 논리적인 사고를 사유하여 체계화하고, 많은 사람들이 자기의 사고를 이해하고 납득하여 공감할 수 있도록 객관화 내지 일반화하는 학문적인 작업이라고 할 수 있다.

예를 들면, 선의 수행과 실천을 통하여 체험한 동양의 선을 철학적으로 규명하여 새로운 선 철학을 제시한 니시다 기타로(西田幾多郎, 1870~1945)는 동양철학의 근본 사상과 유럽 근세철학을 다각도로 이해하고 소화하여 양자(兩者)를 주체적인 일심(一心)으로 통일함으로써 독자적인 니시다 철학을 형성했다.

니시다 철학의 근본개념은 니시다가 직접 체험한 선의 경지와 사상을 절대(絶對)의 무(無)로 제시한다. 그것은 주체가 없는 순수한 운동과 대상이 없는 자각이 일어나는 장소이다. 그리고 이 무(無)의 자기 한정(限定)에 의해서 서로 대립하는 정신과 물질의 세계가 성립한다고 하여, 유물론과 관념론의 대립을 초월하려고 하였다.

말하자면, 니시다는 선의 실천으로 동양의 형이상학의 근본 원리인 절대의 무(無)를 두고 이를 철저히 이론화하고 논리화하여 일반적인 철학의 입장을 수립하였고, 이를 통해 유(有: 存在)의 원리에 입각한 유럽 철학을 비판한다.

이에 반하여 종교는 단순한 사유와 사상의 체험을 체계화하고 객관화하는 것이 아니라, 깨달음의 사실을 통한 진리와 일체가 되어 자기화하고 생활화하는 것이다. 다시 말하면, 깨달음은 한 순간의 단순한 체험으로 끝나는 것이 아니다. 정법의 안목으로 제법의 진실과 불이일체(不二一體)라는 사실을 깨달아 체득하고, 자신의 선사상과 반야지혜를 인격화하여, 구체적인 자신의 일상생활에서 방편지혜로 실행하는 것이다.

사실 종교는 인간이 사는 방법의 근본적인 원리와 관계하고 있다. 이런 점으로 볼 때, 종교는 철학과 지극히 밀접한 관계인 점에는 틀림없다. 종교적인 색채를 가진 철학이 많은 것도 이런 점에서 볼 때 당연한 것이다.

그러나 철학은 결코 종교가 아니다. 종교를 완전히 부정하는 것도 있다. 종교적인 입장에서는 철학이라도 거기에는 역시 종교와는 본질적으로 다른 것이 있다. 앞에서 살펴본 것처럼, 철학은 어디까지나 학문적이고 종교는 원력과 신심수행, 방편수행, 혹은 유일신에 대한 신앙적인 점이 근본적으로 다른 상위점이다.

학문이란 학자가 어떤 주제를 설정하여 관찰하고 사유한 결과를 객관적으로 주장하고 논리적으로 증명하며, 연구방법의 기초를 만들려고 노력하는 일이다. 이에 대하여 종교적인 원력과 신심, 실천수행, 유일신에 대한 신앙은 결코 이러한 논리적인 증명을 기초로 확립할 것을 요구하지 않는다.

그래서 종교적 입장에서는 철학적인 논리를 요구하지도 않고, 철학의 경우에도 결코 종교적 신앙 내용을 그대로 서술하려고 하지 않는다. 오히려 '인간에게 왜 종교가 가장 중요한가?'라고 하는 것에 대해 학문적으로 반성하고 반문하면서 종교의 문제를 기초 작업하는 것이다. 혹은 이러한 철학적인 반성에 의해 종교의 신심과 수행, 유일신에 대한 신앙적인 입장에 대한 기초 작업을 하려고 하는 것이다.

예를 들면, 과학적 인식이 갖는 한계를 지적하는 것에 대해서 이 한계를 넘어선 곳에 종교가 중요하고 없어서는 안 될 것이란 점을 논증하거나, 어떤 철학적 입장에서 어떤 종교의 내용을 기초 작업하지 않으면 안 된다고 주장하는 것 등이다.

과학과 종교

오늘날과 같이 과학이 고도로 발달된 시대에 종교가 과연 필요한가?

"과학의 시대인 현대에 종교가 왜 필요한가?"라는 질문을 하는 사람이 있다. 이러한 사람에게 "당신은 왜 살고 있는가? 살아야 할 이유가 무엇인가?"라고 반문하고 싶다. 선불교의 입장에서 종교는 인간의 진여본심이 지혜의 생명으로 작용하는 본분사의 일이기 때문이다.

선불교의 종교는 인간 각자의 지혜생명으로 자신의 삶을 창조하는 그 자체의 본질적인 요구이다.

따라서 "종교가 필요한 것일까?"라는 질문은 사실 자기 인생에 대한 진지한 지혜생명의 삶을 살고 있지 않다는 것을 드러내는 것이라고 할 수 있다.

각자의 인생과 삶의 진실을 진지하게 생각하고, 보람 있게 살고자 하는 사람은 반드시 진지하게 자기의 종교를 추구하고 찾지 않을 수 없는 것이다.

사실, 현대 과학이 발전함에 따라 인간의 삶이 물질만능주의, 경제 중심의 사고로 전락하고 있으니, 인간의 본성과 생명의 존엄성이 말살되고, 인간 상호 간의 신의와 인격적인 교류가 없어지면서 눈에 보이는 경제적인 이익과 대상경계의 황금이나 토지재산, 재산적인 가치가 있는 물질과 사물에만 집착하고 있다. 따라서 인간의 존엄성과 귀중한 생명에 대한 의식이 희박해지고 종교의 필요성에 대하여 부정적인 생각을 하는 사람도 많아진 것이다.

이러한 물질만능주의는 인간 각자가 자기 존재의 진정한 생명의 본질적인 가치를 상실하고 정신없이 경제적인 가치관에 매달려 허둥거리며 살고 있는 현대인들의 실상을 여실하게 드러낸다.

사실 아무리 과학이 발달하고 물질이 풍요로워졌다 해도 인간의 사유와 기술로 만들어 낸 과학이 인간을 행복하고 편안하게 해 줄 수는 없다.

또한 과학이 발달하면서 신(神) 중심의 서구 종교는 교리상의 많은 모순과 문제점으로 종교사상의 한계성도 드러내게 되었고, 많은 과학자들이 신을 모독했다는 이유로 처형을 당하기도 하였다.

이탈리아의 철학자인 브루노(Giordano Bruno, 1548~1600)는 신이 우주를 창조했다는 성경의 주장에 반론을 제시하며 교회 및 스콜라 학파와 논쟁하다 이단자로 몰려 화형(火刑; 焚刑)을 당했다. 브루노는 "우주는 유일 불변하는 존재로 신도 그 속에 내재하며, 이의 최고 원인이 됨으로써 이와 동일한 정신, 동일한 생명이 만물에 내재한다."라고 주장했다.

또 "태양은 우주의 중심에 정지해 있고, 지구는 태양의 주위를 회전한다."라는 피타고라스의 학설을 16세기에 코페르니쿠스가 다시 주장하였고, 지동설(地動說)을 실증한 이탈리아의 물리학자이며 천문학자인 갈릴레오 (Galilei Galileo, 1564~1642)는 성서의 기록과 상이(相異)한 학설을 제시하여 교권(敎權)의 박해를 받았고 그의 만년에는 유폐 생활을 했다.

즉, 자연과학의 법칙인 지동설은 "태양이 지구를 돈다."라고 신(神)이 말했다는 성서의 주장과는 다른 것이기 때문이다.

신은 절대로 과오나 오류를 범하지 않으며, 절대 완벽한 존재라고 믿고 있는 유일신(唯一神) 교도들의 입장에선 이러한 갈릴레이의 지동설은 용납될 수 없는 학설이었기 때문이다.

또 영국의 생물학자 찰스 다윈(Charles Darwin, 1809~1882)의 진화론(進化論)에 대해 광신적인 기독교인이며 원리주의자인 로널드 레이건이 반발한 이야기도 유명하다. 기독교도들은 이 세계가 완성된 상태로 신이 창조한 것이라는 성서의 말을 무조건 믿고 있기 때문에, 다윈이 제시한 진화론은 성서의 주장에 위배된다고 하여 종교적인 탄압을 자행했던 것이다.

그러나 찰스 다윈은 다각적인 연구를 통해, 이 세상은 신에 의한 완벽한 창조가 아니라 언제나 늘 불완전한 상태로 진화하고 있다는 사실을 증명하여 널리 인정받게 되었다.

다윈은 1859년에 발표한 『종(種)의 기원(起源)』에서 생물은 환경에 적응하면서 낮은 단계[低級]에서부터 높은 단계로 진화하고, 생활환경과 생존경쟁에 적합한 것만이 존속한다고 하며 사람과 원숭이의 동일 기원설을 제시했다. 또 에너지 불멸의 법칙과 함께 19세기 과학 이론을 제기하면서 과학의 진보와 과학의 세계관을 이루는 데 많은 영향을 주었다.

사실 인간이 인간의 말로 기록한 성서를 신의 말씀이라고 믿는 그 자체가 맹신(盲信)인 것이다. 이러한 맹신적 주장은 과학이 발달되기 이전에는 통할 수 있었겠지만, 자연과학이나 실증과학이 발전된 오늘날에는 이러한 말을 믿는 것이 지극히 상식을 벗어난 일이 아닐 수 없다.

또한 뉴턴의 운동법칙에서 물질은 피동적인 것이요, 스스로 움직이지 못하는 것으로 되어 있지만, 우리가 살고 있는 자연의 세계에서는 아원자(亞原子)의 소립자(素粒子)로부터 은하계(銀河系)와 팽창하는 우주에 이르기까지 스스로 움직이지 않는 존재나 물질은 없다.

불교에서는 이러한 우주 일체의 모든 사물의 존재를 제법실상법(諸法實相法, 自然法, 眞如法)이라고 한다. 일체의 모든 자연의 존재와 사물은 외부의 힘에 의존하지 않고 자기 스스로 생명 활동을 실행하고 있다는 사실이다. 또한 만물은 각자 자체의 본성[因]이 만물과의 인연[緣]

관계로 결합되는 인연법으로 형성되어 생명 활동을 실행하고 있다는 사실을 밝힌 법문이 불법의 인연법, 연기법이다.

즉, 만물은 인연법에 의거하여 존재가 성립된 것이며, 또한 정확하게 어떤 본성의 생명 활동이 자연스럽게 불변의 법칙성에 의해 질서정연하게 작용되고 있으면서, 일체 만물과 서로서로 상호(相互) 의존관계(依存關係)로 존재하고 있다고 설한 법문이다.

불법의 가르침과 연기사상은 제불여래의 체험적인 사실에 근거를 둔 지혜의 말씀이기에 지극히 합리적이고 과학적인 설법이며 여법한 교설이다.

원시불교의 경전에서 설하는 제행무상이나 무아설, 사성제, 인연법, 연기의 법칙 등은 여법하고 논리적인 법문체계로 설하고 있다. 제불여래의 설법은 어떤 가르침이라도 사람의 주관적인 사고나 개인의 의견이 개입되지 않고 정법의 안목을 구족한 여법한 설법이기 때문에 한 마디의 법문이라도 허망되거나 비과학적인 사고란 찾아볼 수가 없다.

여기서는 불교의 교설을 과학적이라고 입증하는 일보다 과학과 종교의 본질과 차이점을 밝혀 보면서 종교의 영역을 정립해 보고자 한다.

현대는 과학적 사고 없이는 살아갈 수 없는 시대이다. 과학이란 어떤 사물의 구조나 법칙을 탐구하는 인간의 이성적인 인식활동 및 그 소산으로서의 이론적·체계적인 지식을 의미하는 말이다. 따라서 과학의 대상은 일체의 모든 존재와 사물이다. 과학은 일찍이 불가사의하고 신비적인 것으로 간주해 온 우주의 대자연과 사물의 모든 영역에 밝은 빛을 비추어 사물의 존재 모양과 구조를 파악하는 데 성공했다.

프랑스의 철학자이며 근세철학의 아버지요, 과학의 시조라고 불리는 데카르트(René Descartes, 1596~1650)는 "과학자가 자연을 정복하게 될 것이다."라고 예언했는데, 현대의 과학은 결국 그의 말대로 진행되고 있다. 데카르트는 "나는 생각한다. 고로 내가 존재한다."라고 말한 철학자이며 수학자, 과학자이다. 그는 수학적인 논리체계의 방법으로 과학의 세계를 증명하는 학문을 제시했다.

과학(science)이란 말은 본래 사물 존재의 구조나 법칙을 탐구하는 인간의 이성적인 인식활동 및 그 소산으로서의 이론적·체계적인 지식을 의미한다. 이렇게 볼 때 과학은 사실 철학적인 학문과 동의어로 사용되었다.

라틴어의 scientia는 원래 감정이나 신앙에서 구별된 인간의 지적인 활동 일반을 의미하는 말이었지만, 현대에 일반적으로 사용되고 있는 과학이란 말은 자연과학을 가리킨다. 즉, 오늘날 과학은 사물의 존재를 관찰하고 실험하는 과학적인 방법에 의거한 현대의 새로운 학문을 가리킨다. 경험과학의 이론과 방법이 형성되어 현저한 성과를 이루면서 과학과 철학의 관계가 문제가 되어 구별되기 시작했는데, 현대 과학의 대상은 일체의 모든 사물과 존재이다.

과학의 세계와 종교의 세계

오늘날 급속도로 발전된 과학의 성과로 현대의 모든 사람들이 많은 은혜를 입고 있는 것도 의심할 여지가 없는 사실이다. 과학적으로 입증된 사실은 확실한 정보[知]이며, 지식(知識)이다. 이러한 과학적인 정보와 지식은 오늘날 인간의 일상적인 생활 속에서 인간의 사고 영역에까지 깊숙하게 침투하여 일체 모든 사물의 존재를 보고 관찰하는 방법과 판단의 기준이 되고 있다.

때문에 현대는 과학적인 사고 없이는 살아갈 수 없는 시대라고 말한다. 현대의 과학적인 지식과 정보야말로 지식 중에 확실하고 분명한 지식이며 정보이다.

보통 우리들의 일상 대화 속에서도 "자네 생각은 비과학적이다!"라고 말하면 그 생각을 잘못된 사고, 쓸데없는 공상이나 망상으로 판단한다. 현대에는 거의 모든 사람들이 과학적인 사고에 의거하여 사물의 존재를 생각하고, 과학적인 방법에 의존해서 자기의 생각과 사유를 논증하고 증명한다. 이처럼, 모든 방면에서 과학적인 방법을 응용하거나 흉내 내고 있다. 말하자면 과학은 현대 사회에 군림하고 있는, 현대인들의 사고를 지배하는 신이라고 말해도 지나치지 않을 정도이다.

오늘날 과학은 왜 이렇게 절대적인 힘을 가지게 된 것일까?

이 질문에 대한 대답을 한마디로 말한다면, 과학은 인간이 직접 눈으로 보고 확인한 것만을 신뢰하고 신용하고 있기 때문이라고 말할 수 있다. 즉 자기가 직접 보고 체험하여 확인하고, 확실한 사실은 남에게도 분명하게 제시해서 보일 수도 있다는 점이다. 이것이 과학이 갖는 확실하고 유력한 점이다.

다시 말하면, 과학의 가장 기본적인 무기는 눈[眼]과 빛[光]이다. 과학은 자연과 사물의 존재를 직접 눈으로 보고, 빛을 비추어 분명하게 분석하여 그 사물의 실체를 확실하게 파악한다. 자연과 사물 존재에 대하여 보통 눈에 보이지 않는 부분에 밝은 빛을 비추어 그곳을 사람의 눈으로 직접 확인하여 사물의 실체를 밝히는 것이 과학적인 방법이다.

과학과 종교의 다른 점이 여기에 있다.

종교는 사람의 눈에 직접 보이지 않는 진여본심의 지혜작용이지만, 제불여래와 선각자의 체험을 통하여 정법의 법문을 직접 확인하고 확신[信]해 보라고 권한다. 종교는 자기 미래의 인생이나 삶에 대하여 볼 수 없고, 알 수도 없고, 확인할 수가 없지만, 일단 제불여래와 선각자가 체험으로 설한 법문을 신뢰하고 출발하는 구법의 수행이라고 할 수 있다.

과학은 사람의 눈에 보이지 않는 것은 듣지도 않고, 신뢰하지도 않는다.

인간의 두 눈은 광학기계(光學機械)이기 때문에 빛을 반사하는 물체의 그 표면밖에 볼 수 없다. 따라서 빛이 없으면 어떤 물건이나 사물의 존재라도 대상으로 보이지 않으며, 또 빛이 있어도 그 빛을 반사하는 사물의 표면이 없으면 볼 수가 없는 것이다.

따라서 어떤 사물의 내부를 보고, 본질을 알기 위해선 언제나 그 사물을 쪼개어 내부를 표면화하고, 거기에 빛을 비추어야 한다. 빛을 비출 수가 없거나 빛이 미치지 않는 곳에 있는 사물이나 물질은 눈의 대상으로 볼 수가 없다.

인간의 육안으로는 사물의 표면만 볼 수 있기 때문에 책을 읽기 위해서는 한 장 한 장 페이지를 넘겨 가며 그 한 페이지에 빛을 비추고, 눈으로 보고 읽어야 한다.

둥근 사과의 내부를 알기 위해선 사과를 칼로 쪼개고, 또 쪼개어 사과의 내부를 표면화하고, 거기에 빛을 비추어 눈으로 보고 확인해야 하는 것이다. 사과나 물질의 내부를 보기 위해선 쪼개어 내면을 표면으로 만들고 빛을 비추어야 한다.

종교는 눈으로 보이지 않는 마음(진여본심)의 세계에서 탄생되었지만, 이처럼 과학은 밝은 빛이 있는 곳에서만 성립된다. 어떤 사물을 과학적으로 알고자 한다면 그 사물을 쪼개어 분자로, 다시 원자로 만들어 보이지 않는 세계에서 보이는 세계로, 신비의 세계에서 빛의 세계로 끌어내는 것이 과학의 방법이다.

원자는 물질의 궁극적인 요소로 생각되었기 때문에 이 이상 더 쪼갤 수 없는 물건이란 의미로 Atom이라고 하는데, 요즘은 이 원자(아톰)의 세계까지도 볼 수 있게 되었다.

이처럼 과학은 물질의 내부에 깊이 파고들며 물질세계로 침입하는 것을 그 사명으로 하고 있다. 이것이 과학이 자연을 정복할 수 있는 힘이라고 할 수 있다.

한편 그러한 과학적인 방법은 사물의 본질을 탐구하는 일에서는 최대의 강점이 될 수가 있지만, 동시에 최대의 약점이 되기도 한다. 사물의 내부를 쪼개고 분석하는 것을 사명으로 하는 과학은 쪼개거나 끊어 버려서는 안 될 생명의 존재에 대해선 그 힘을 전혀 발휘할 수가 없기 때문이다. (*영어 sever는 절단하다, 자르다, 단절하다는 뜻이며, severance는 절단, 단절, 수술이란 의미이다. 한국의 '세브란

스병원'도 이 말에서 왔다.)

예를 들면 생명을 지닌 자연의 존재가 바로 그것이다. 살아 있는 생명체를 과학적인 방법으로 쪼개고 절단하면 생명 그 자체는 상실되며 죽은 시체로 변해 버리고 만다. 이것이 과학의 최대 약점이라고 할 수 있다.

과학은 생명이 정지된 것에는 무한한 힘을 발휘하고 다양한 방법으로 연구 작업을 실행할 수 있지만, 생명체를 취급해야 하는 자연의 존재에는 무기력한 것이 되고 만다. 오늘날 생명공학(生命工學), 혹은 생체공학(生體工學; biotechnology) 분야가 눈부시게 발전하고 있지만, 생명 그 자체의 벽을 넘어서기란 불가능한 것이다.

또한 현대의 과학적인 힘과 연구방법을 응용하여 인간의 신체와 마음의 병을 치료하는 의학이 눈부시게 발전하고 있다. 의학의 발달로, 고칠 수 없었던 인간의 병을 수술하고 치료할 수 있으며 인간의 수명도 많은 약의 개발로 연장되고 있다.

또한 요즈음은 시험관 아기 시술과 인공수정 등의 기술이 발전하여 과학적 의학의 힘을 빌려 생명도 탄생시킬 수 있는 시대가 되었고, 남자와 여자도 구분하여 낳을 수 있게 되었다. 현대의 위대한 과학이 인간의 자연스러운 신체와 생산의 영역에까지 그 영향력을 확장하고 있는 것이다.

이러한 의학을 과학이 아니라고 부정할 사람은 거의

없을 것이다. 그러나 의학은 인간의 신체와 마음의 질병을 다루는 것이므로 비록 과학적인 방법을 응용하여 경이적인 발전을 이루었다고 할지라도, 의학을 완전한 과학이라고 말할 수 있을까?

의학이 인간의 질병을 과학적으로 치료한다는 점에서는 과학이라고 할 수 있지만, 몸의 질병을 치료한다고 인간이 완전히 치료되고 과학적으로 확실히 살아갈 수 있는 힘과 분명한 확신을 얻는 것은 아니다.

의학은 인간의 육체나 정신의 질환에 대하여 부분적인 치료를 할 수 있어도, 몸과 마음이 하나가 되어 살고 있는 인간의 생명 그 전체를 치료하기란 불가능하다.

인간 신체의 일부나 부분적인 질환은 수술 칼로 쪼개고, 베어 내어 그곳에 밝은 빛을 비추고 인간의 눈으로 잘못되고 썩은 부분을 도려내어 수술하고 치료할 수 있어도, 생명체인 인간 그 전체를 의학으로 수술하거나 손댈 수는 없는 것이다.

이렇게 볼 때 의학은 의사과학(擬似科學)이라고 할 수 있다.

이와 같이 종교와 과학의 영역이 분명히 다르다는 사실을 알 수 있다.

과학이 아무리 발전한다고 할지라도, 신체와 생명체가 일체가 되어 살아가는 인간 그 자체에 대한 과학적인 구명(究明)이란 불가능하다.

과학이 만능이라고 하지만, 인간의 마음으로 자신을 향상시키는 원력의 힘과 지혜생명을 실행하는 신심이나 시절인연에 따른 문제를 방편의 지혜로 해결하고, 창조적인 삶의 의미를 공덕행으로 회향하는 법락(法樂)의 환희심과 행복을 제시해 줄 수가 있겠는가?

인간이 각자 사유하고 보이지 않아 알 수는 없지만, 각자가 보다 좋은 인생과 삶을 추구하면서 살아가려는 생명의 본질적인 욕구는 역시 종교적인 지혜와 삶의 원력과 신심의 충족으로만 가능하다.

선불교에서는 제불여래와 선각자가 제시한 이정표(교시)를 신뢰하고, 원력과 발심을 출발점으로 하여 각자가 직접 그러한 진실을 깨달음의 체험으로 확인하여 확실하고 자신 있는 삶을 살 수 있는 안목을 구족해야 하는 것이다.

종교의 세계는 육안으로 보고 확인할 수 있는 세계가 아니다. 종교는 체험을 통하여 깨달은 마음의 눈으로 확인하고 몸과 마음이 하나가 된 전신(全身)으로 보이지 않는 자기의 인생을 무한하게 창조적인 삶으로 만들며 살아갈 수 있는 정법의 안목을 설하고 있다. 자각적인 체험으로 체득한 정법의 안목이란 곧 본심으로 볼 수 있는 지혜의 눈이다.

선의 체험으로 체득한 정법의 안목은 안신입명(安身立命)의 본분사를 실행할 수 있는 능력이다. 이 말은 만법

의 근본과 인생의 본질적인 의미를 깨닫고 그 지혜의 힘
인 마음의 눈으로 일체의 진실을 올바르게 볼 수 있는
안목과 독자적인 지혜를 구족하고 있기에 더 이상 주위
의 경계에 현혹되거나 집착되지 않고, 마음의 흔들림이
없다.

중생심의 근심이나 걱정, 불안 없이 일체의 괴로움에
서 해탈(解脫)한 진여본심으로 지금 여기, 시절인연에 따
른 자기의 일상생활을 편안하고 여유 있게 창조하는 삶
이 자기의 종교이다.

5

깨달음의 내용

선의 깨달음은 안목과 지혜를 체득하는 것

선불교는 자각의 종교이다.

자각이란 제불여래가 설한 불법의 가르침(방편법문)에 의거하여 불법의 대의를 깨닫고, 정법의 안목을 구족하여 일체 중생이 본래 구족하는 진여본심의 지혜를 깨달아 체득하는 수행이다. 자각과 깨달음은 제불여래와 조사가 설한 방편법문에 의거하여 진여본심을 구족하고 있다는 사실을 발심수행하여 직접 확인하고, 정법의 안목을 구족하여 확인하고 확신을 체득하는 수행이다.

그러면 선의 수행을 통한 깨달음이란 과연 어떤 것일까?

한마디로 말해서, 선에서 말하는 깨달음이란 자아의식의 중생심에서 진실한 본래의 진여본심(본래면목)을 깨달아 회복하는 수행이다. 중생은 전도된 사고로 본래의 자기를 상실하고, 현재의 번뇌 망념과 의식의 대상경계를 분별하고 집착하는 중생심을 자신의 본래 존재라고 착각하고 있다. 그래서 제불여래는 비본래(非本來)의 중생심으로 살고 있는 중생들이 무지와 무명으로 본래(本來) 구족하고 있는 진여자성(眞如自性), 불성(佛性)을 알지 못하고, 진여본심(본래면목)의 지혜를 상실하여 번뇌 망념으로 생사에 윤회하고 있는 모습을 불쌍하게 여기고 불법의 진실을 설한 것이다.

제불여래의 법문은 일체 중생이 본래의 진여본심을 자각하고 본래면목을 회복하여 여래의 지혜와 똑같은 정법의 안목을 구족하도록 방향과 이정표를 제시한 것이다. 따라서 경전의 법문에 의거하여 발심수행과 참선 수행으로 자신의 참된 본래면목을 깨닫는 것이며, 진실을 올바르게 볼 수 있는 정법의 안목을 구족하는 일이다.

불법의 대의를 깨닫고 정법의 안목을 구족해야 중생심의 번뇌 망념으로 고통 받는 심병(心病)을 진단하고, 발심수행하여 본래 청정한 진여본성, 불성을 깨달아 회복할 수가 있으며, 일체법(一切法)의 진실된 실상(實相)을 여법하고 여실하게 볼 수가 있다.

불교의 일반적인 입장에서 살펴볼 때, 선의 수행은 각 종파라든지 각 시대에 따라서 다양하게도 여러 가지의 형식을 취하고 있지만, 그 중심은 정법의 안목을 구족한 불지견(佛知見), 혹은 여래의 지혜(안목)로 중생심의 번뇌 망념을 자각하고 생사윤회에서 해탈하여 진여본심(본래면목)을 회복하는 깨달음이다.

따라서 불법의 수행은 먼저 정법의 대의를 깨달아 체득한 정법의 안목으로, 다양한 중생의 심병을 치료하는 수행으로 방편의 지혜를 구족하는 일이다. 정법의 지혜가 다양하고 완전하고 청정한 경지에까지 심화(深化)되고 정화(淨化)된 것을 제불여래의 지혜와 똑같은 무루지(無漏智), 혹은 출세간지(出世間智)라고도 말하는데, 이것이 여래의 깨달음[等正覺]과 같은 경지이다.

『법화경』과 『화엄경』 등에서는 이러한 제불여래의 지혜가 일체의 중생에게 본래 자연 그대로 두루 구족되어 있다고 설하며, 본래지(本來智), 자연지(自然智)라고 하고, 또 스승으로부터 물려받는 것이 아니고 스스로 본래 구족된 지혜를 자각하여 체득한 것이기 때문에 무사지(無師智)라고도 한다.

중국의 선불교에서는 이러한 제불의 지혜가 일체 중생들의 불성(여래장)에 모두 구족되어 있기 때문에 각자가 제불여래의 설법에 의거하여 발심수행과 참선수행을 통해서 불성을 단번에 깨달아[頓悟] 제불여래와 똑같은 지혜를 구족하도록 견성성불을 강조하고 있다.

지혜와 지식

『열반경』 제6권에 다음과 같이 사의(四依)의 법문을
설한다.

> 진여일심법에 의거하고 사람에 의거하지 말며, 일심법
> 의 뜻에 의거하고 사람의 말에 의거하지 말며, 일심법
> 의 지혜에 의거하고 사람의 인식에 의거하지 말며, 대
> 승요의경에 의거하고 불요의경에 의거하지 말라. (依法
> 不依人, 依義不依語, 依智不依語, 依了義經 不依不了義經.)

선의 수행을 통하여 깨달음의 체험으로 체득한 제불
여래의 지혜는 단순히 어떤 사물이나 존재를 올바르게
인식하는 지식이 아니라, 진여본심(불성)이 정법의 안목
으로 여법하고 여실하게 반야의 지혜를 실행할 수 있는
능력을 구족하는 것이다.

즉, 정법의 안목으로 중생심의 번뇌 망념[心病]을 진
단하고 치료할 수 있는 방편지혜를 제시하여 중생을 구
제하고, 제법의 진실한 실상[諸法實相]을 깨달아 체득할
수 있도록 인도한다.

제불의 지혜는 중생심의 자아의식과 사량분별·차별심·분별심을 초월하여 제법의 진실한 실상을 여법하게 볼 수 있는 반야지혜를 구족하는 것을 말한다. 또한 자아의식으로 사물의 존재를 부분적으로 이해하거나 분석하여 인식하는 것이 아니라, 진여본심의 지혜는 전체적이고 총합적인 불성의 직관(直觀)적인 지혜작용이다.

지혜(智慧)를 산스크리트로 prajñā라고 하는데, 여기서 말하는 'pra'는 본래, 전체, 일체, 근본적이란 뜻이다. 'jñā'는 인식이란 뜻이다. 따라서 지혜는 본래의 진여본심 전체가 지혜로 작용하는 인식이라는 뜻이다.

불교에서 중생심으로 사물을 인식하는 식(識)이란 말은 범어로 vijñāna라고 하는데, 여기서 'vi'는 쪼개고 나누어 부분적·분할적으로 인식한다는 뜻이다. 즉, 자기의 주관적인 사고로 의식의 대상경계에 보이는 사물의 존재를 크고 작고, 선하고 악하고, 아름답고 추한 모습으로 나누어 분별하고 차별심으로 인식하는 중생심의 인식이다.

다시 말하면, 제불여래는 중생심의 분별심과 차별심의 망념이 없는 진여본심의 지혜로 일체의 사물이나 만법의 존재를 직관적인 지혜로 여법하고 여실하게 본다. 자아의식의 중생심으로 사량분별심이 일어나기 이전 근원적인 불성의 지혜작용이며, 중생심의 의식[識]은 자기의 주관적인 사고와 분별심·차별심에 의거한 분석으로 사물의 존재를 인식하는 것을 말한다.

중생심의 인식은 쪼개고 나눈 것이기 때문에 부분적인 것이며, 선과 악, 나와 남, 옳고 그름 등 어느 한쪽 부분에 치우친 사고의 인식 작용이기 때문에 편견과 고정관념에 떨어진 판단이 된다. 이 때문에 항상 갈등과 분쟁의 요인이 된다.

불교에서는 중생심의 인식작용을 육근(六根)과 육식(六識)으로 설명하는데, 예를 들면, 눈으로 대상경계의 사물을 인식할 경우 안식(眼識)이고, 귀로 소리를 듣고 인식할 경우는 이식(耳識)의 작용이 되는 것처럼, 인간은 부분적인 인식을 한다.

중생의 육근과 육식을 통해서 부분적으로 사물을 인식하게 된 것을 우리들은 지식(知識)이라고 한다. 이는 불교에서 말하는 지혜와는 차원이 다르다. 어떤 사물의 존재에 대하여 과학자들이 쪼개어 분석하거나, 실험하고 연구하여 부분적으로 알게 된 사물의 내용에 관한 지식은 객관성과 일반적인 보편성을 지니고, 하나의 개념으로 정리되어 세상에 널리 전해지면서 상식이 된다.

그러나 지혜는 인간 각자가 불법수행과 깨달음이라는 종교적인 체험을 통해서 체득한 것이기에 주관적이고, 특수성을 지니고 있다. 그리고 각자 진여본심(본래면목)의 본래적이며 직관적인 지혜작용이기에 실제 개인의 구체적인 일상생활에서 방편지혜와 생활의 도구로 활용되는 것이다.

직관(直觀)은 전체적이고 온전한 진여본심[佛性]이 일체 언어 개념의 사고나 필터(filter)를 매개로 하지 않고, 무분별·무차별·무심(無心)의 인식이기 때문에 반야(prajñā)의 직관지혜라고 한다.

사실 선불교에서 말하는 반야의 지혜는 중생심의 번뇌 망념을 텅 비운 발심수행과 공(空)의 체험(실천)을 통하여 체득한 진여일심의 지혜이기 때문에, 반야의 직관지혜를 '무분별의 분별'이라고 한다. 진여본심(불성) 전체가 여실하게 반야지혜로 제법의 실상을 직관하는 진공묘유(眞空妙有)의 지혜이다. 진여본성이 나누어지지 않고, 전체를 하나로 인식하는 반야의 지혜이기 때문에 선에서는 불성의 전체 작용(全體作用)이라고도 한다.

참고로 반야의 지혜[眞空妙有]로 설한 『금강경』, 『유마경』의 법문을 소개하면 다음과 같다.

- 일체현성은 진여일심의 지혜로 중생심의 심병을 진단하고 치료한다. (一切賢聖 皆爲無爲法 而有差別)
- 반드시 걸림 없는 진여일심의 방편지혜로 살아야 한다. (應無所住 而生其心)
- 진여본심의 지혜로 설법해야 한다. (無法可說)
- 걸림 없는 진여본심의 근본에서 방편의 지혜로 일체법을 건립해야 한다. (無住本上 立一切法)

깨달음의 지혜

반야의 지혜는 진여본심(불성)의 주관적이고 능동적인 전체 작용으로 능관(能觀)의 입장이며, 당연히 보는 대상[所觀]의 진여법성[法性]과 상대하는 것이다. 진여법성[法性]을 대상으로서 인식하는 지혜는 완전하고 최고인 반야의 지혜이기 때문에 주관과 객관[能所], 보는 주체와 대상이 완전히 없어져 버린 진여일여(眞如一如), 진여삼매(眞如三昧), 일행삼매(一行三昧)의 경지이다.

『대승기신론』에서는 진여 자체의 지혜작용을 진여삼매, 일행삼매라고 하는데, 주관적인 진여본심의 직관지혜[能觀智]와 대상의 진여본성[所觀法性]이 완전히 하나로 되어야 청정한 불성의 지혜로 작용하게 된다. 이러한 반야의 지혜를 무분별지(無分別智)라고 한다.

한편, 여기서 말하는 진여법성의 이치란 진여일심법이 외부의 힘에 의존하지 않고 본래 자연 그대로, 자체의 지혜생명으로 작용하는 것을 말한다. 불법에서 말하는 진실 혹은 진여란 환화와 같은 중생심의 번뇌 망념으로 허망하지 않고, 진실한 지혜생명으로 여법하고 여실하게 작용되는 진여실상을 의미한다.

즉, 일체 만법의 참된 존재의 실상이 불변의 법칙성에 의거하여 진실하게, 지혜의 생명으로 여법하고 여실하게 일관되어 여여하게 작용하는 절대의 이치이다. 마치 강물이 흐르고[水流] 꽃이 피는 것[花開]처럼, 시절인연에 따른 생명의 실상이 외부의 힘에 의존하지 않고, 여법하게 불변의 법칙성에 의거하여 생명 활동에 작용하는 이치(理致; 理法)를 전체 그대로의 모습으로 파악하는 지혜라고 할 수 있다.

불교에서 "일체의 모든 존재는 무상한 것[諸行無常], 일체 중생심의 마음으로 인식하는 유위법(有爲法)은 꿈과 같고, 환화, 물거품, 그림자와 같이 실체가 없는 것"이라고 설한 법문은 일체의 모든 존재나 사물에 일관적으로 관철되고 있는 진리이며 진실이다.

일체의 모든 존재는 인연의 법칙에 의해 생명 활동을 하고 있으며, 잠시라도 숨을 멈추는 일 없이 시시각각 생로병사와 생주이멸(生住異滅)의 과정 속에서 존재의 실상이 변화되고 있는 무상한 것이다.

그러나 이러한 만물의 이치는 어디까지나 사람들이 객관적인 입장에서 관찰한 추상적인 이론이다. 구체적인 사실은 일체의 모든 존재 그 자체의 생명 작용이다. 이 우주의 모든 사물이나 존재가 여법하고 여실하게 지혜생명으로 작용하는 것을 진여실상법(眞如實相法), 이치(理致) 혹은 이법(理法)이라고 하고, 불교에서는 진여(眞如), 여래(如來), 자성(自性), 법성(法性), 진상(眞常), 진제(眞諦), 선에서는 본래면목(本來面目)이라고 한다.

인간의 경우, 대승경전에서 설하는 법문처럼, 일체 중

생이 본래 구족하고 있는 진여자성, 불성, 여래장, 본래 면목, 일체 존재의 실상(實相), 깨달음을 체득하는 자각의 주체이기 때문에 심성, 일심이라고 한다. 그리고 일체의 모든 존재의 진실된 제법의 법성(法性; 理致)을 여법하게 관찰하는 반야의 지혜가 진여본성의 무분별지혜, 즉 본래지(本來智)이다.

따라서 진여법성의 본래지가 일체 존재의 진실한 이치, 이법과 완전히 하나[一如]가 된 경지가 진여법성이며, 선에서는 자성, 심성, 본래면목이다.

따라서 선불교에서 달마 대사가 "곧바로 사람의 본성을 지시하여 본성을 깨닫고 부처의 지혜를 이루게 했다[直指人心, 見性成佛]."라고 설했다. 달마가 전한 선의 법문은 중생심의 분별과 차별심을 모두 초월한, 정법의 안목으로 절대의 경지인 만법의 법성(法性; 理致)과 하나된 본래면목의 지혜[智]를 체득하는 것이다.

선의 깨달음[見性成佛]

선불교의 사상은 불법의 대의를 깨닫고 반야의 지혜(정법의 안목)를 구족하여 중생심의 번뇌 망념을 깨달아 본래의 불성(본래면목)을 회복하고, 불법의 지혜를 체득하여 자아의 인격을 보살도의 삶으로 회향하는 일이다.

선불교에서는 '직지인심, 견성성불(直指人心, 見性成佛)'을 강조하고 있다. 여기서 견성(見性)이란 무슨 의미인가?

돈황본『육조단경(六祖壇經)』에는 다음과 같이 설한다.

여러분 나의 법문은 8만 4천의 방편지혜를 자유자재로 사용하고 있다. 왜냐하면 세상 사람들이 8만 4천의 번뇌가 있기 때문이다. 만약 중생의 번뇌가 없으면 반야의 지혜는 항상 자기 본성에 있고, 본성을 여의고 반야의 지혜가 있을 수 없다. 이러한 불법의 이치(理致)와 법성(法性)을 깨달은 사람은 번뇌 망념이 없으며, 과거의 생각(망상)에 집착하는 일도 없고, 어떤 대상경계에도 집착하는 일이 없다. 허망한 번뇌 망상이 일어나지 않는다면, 그대로가 진실한 자기이다. 반야지혜로 관조(觀照)하여 일체의 모든 대상을 취하거나 떨쳐 버리지도 않으면 본성을 깨닫고 부처의 지혜를 이룬다[見性成佛].

선불교에서 견성은『화엄경』이나『열반경』에서 일체의 중생은 모두 불성을 구족하고 있고, 부처의 지혜와 덕성을 똑같이 구족하고 있다는 제불여래의 설법에 의거하여, 중국의 조사들이 직접 체험하여 깨닫고 설한 법문이다.

말하자면, 일체 중생이 모두 불성(본래면목)을 구족한다는 법문은 일체 중생도 불성을 깨달아 제불여래의 지혜를 구족하여, 부처와 똑같은 지혜와 덕성으로 제불의 경지를 깨달아 체득하도록 설한 평등의 종교이다. 대승 경전에서 설한 '아뇩다라삼먁삼보리'를 무상정등정각(無上正等正覺)이라고 번역하는 것처럼, 초발심과 발보리심으로 정각을 이루면 평등한 불성의 지혜로 제불여래의 경지를 깨닫게 된다. 그래서 참선수행하여 견성성불하도록 설한 법문은 불성(본래면목)을 깨달아 체득하여 부처의 지혜를 이룬다고 설했다.

"부처의 지혜는 삼세여래가 모두 같다[三世如來一切同]."라고 설하는 것처럼, 무상정등정각의 깨달음은 평등한 불성의 지혜이기 때문이다. 그래서 선불교에서는 각자 자기의 불성을 깨닫고 정법의 안목을 구족하여 일체의 존재나 대상경계의 사물에 집착하지 않는 공(空)의 실천과 무애자재한 방편의 지혜로 지금 여기, 자기 본분사의 삶을 주인이 되어 살라고 강조한다.

임제 선사는 "곳에 따라 주인이 되면 자기의 매사가 진실한 깨달음의 지혜로운 삶이 된다[隨處作主 立處皆眞]."라고 설했다.

불성은 일체 중생이 만법의 진실을 깨달아 반야지혜의 안목을 구족하는 부처의 본원이며, 방편지혜를 실행할 수 있는 주체이다. 그래서 선불교에서는 정법의 안목을 구족해야 여법하게 발심수행하여 만법의 근원인 각자의 불성을 깨닫고 부처의 방편지혜를 실행할 수 있기 때문에 견성성불을 강조하고 있다.

견성(見性)은 자기의 불성을 깨달아 친견(親見)한다는 말이다. 자아의식의 중생심으로 대상경계를 보는 것을 '본다[見]'라고 하는데, 부처나 불성을 대상경계로 본다는 것은 육근(六根), 육식(六識)의 중생심의 작용이 개입하고 있는 것이기 때문에 불성의 지혜작용이 될 수가 없다.

불성을 깨달아 친견한다는 의미의 견성은, 정법의 안목으로 중생심의 번뇌 망념을 자각하는 초발심으로 수행하는 시각진여(始覺眞如)가 정각(正覺)의 깨달음을 이루는 본각진여(本覺眞如)를 친견하며 진여삼매의 지혜가 되도록 하는 것이다.

『대승기신론』에서는 발심수행한 진여의 지혜가 진여 자체에 지혜로 훈습하는 작용으로 설명하고 있는데, 말하자면 진여본심의 지혜가 진여자성을 대상으로 친견하는 지혜작용이다.

일반적으로 진여의 지혜로 친견한다는 말은 결국 자신이 직접 깨달음의 체험을 통해 반야의 지혜 눈으로 확인하여, 더 이상 대상경계의 번뇌 망념과 의혹, 의심이 없는 경지를 체득하는 직관적인 지혜이다.

지금까지 경전을 통해 제불여래가 설한 법문이나 지식으로만 알고 있었던 불성을 선수행으로써 직접 진여본심의 지혜 안목으로 깨달아 친견하고 확인하여 철저한 확신을 체득한 것이다.

앞에서도 언급한 것처럼, 불성이나 법성(法性)은 만법의 본체[理法]가 지혜생명으로 여법하게 작용하는 이치이며 본질이다.

즉, 법성은 일체의 존재가 존재할 수 있는 근거이며 도리를 말하는데, 이 가운데는 동물은 물론 무생물, 산천초목 등 일체 만물도 포함된다. 불교에서는 '일체법(一切法)', '제법실상법(諸法實相法)'이라고 총칭하는데, 일체의 모든 사물이나 존재는 결코 잡다하게 제멋대로 무질서하게 존재하는 것이 아니라, 각기 독자적인 형상과 모양, 특성과 개성을 지니고 있으며, 또한 지혜의 생명 활동은 일체 만물이 서로서로 상의상관(相依相關) 관계를 지속하면서 유지하고 있다는 사실이다.

또한 일체법은 일정한 공간과 시간의 흐름 속에 대자연의 질서와 조화를 이루며 어떤 불변의 법칙성에 의해 생명 활동을 하면서 존재하고 있다. 이러한 자연의 일체법을 제법실상 혹은 만법(萬法)이라고 하며, 만법이 각자 본성의 지혜생명으로 작용하는 주체를 불교에서는 불성, 법성이라고 하며, 중국에서는 도(道) 혹은 성리(性理), 이치(理致) 등의 말로 표현한다.

선불교에서 말하는 견성은 이러한 만법의 본질인 법성을, 각자의 불성을 깨닫고, 불성의 지혜로 일체 중생심의 의심과 미혹이 없도록 확인하라고 강조한 설법이다. 인간도 일체의 존재인 제법(諸法)이나 만법(萬法)에 포함된 것이며, 이러한 만법의 본질을 깨닫는 주체가 다름 아닌 우리들의 불성이며 청정한 마음이다.

따라서 인간은 만법의 본질인 불성과 법성, 혹은 불도의 본질적인 사실을 자각의 주체인 본성에서 각자 스스로 발심수행하여 직접 깨달음의 체험으로 확인하도록 견성성불이라는 법문을 강조했다.

보리(菩提)와 열반

불교에서는 발심수행하여 깨달음을 이룬 경지, 혹은 해탈의 세계를 보리(菩提; bodhi)와 열반(nirvāṇa)이라는 말로 표현하고 있다. 대승경전인 『유마경』에서는 "중생심의 번뇌가 곧 깨달음의 경지[煩惱卽菩提]", "중생심의 생사망념이 곧 열반의 경지[生死卽涅槃]"라고 설하고, 『화엄경』에서는 "마음과 부처, 중생, 이 셋은 차별이 없다[心佛衆生 是三無差別]."라고 설한다. 번뇌 망념과 생사망심으로 사량분별하는 것은 중생심이며, 발심, 발보리심과 열반해탈의 경지는 불심(佛心)의 지혜이지만, 중생심과 불심은 본래 같은 진여일심이기 때문에 차별이 없다.

불교는 중생이 깨달아, 달리 부처의 세계로 들어가는 것이 아니라, 정법의 안목으로 발심수행하여 중생심의 번뇌 망념이 끊어지고, 곧바로 본래의 마음[心]을 회복하게 된 그대로가 불심이라는 사실을 밝히고 있다.

다시 말해서, 사바(sahā)세계를 벗어나, 달리 부처의 세계로 가는 것이 아니고, 발심수행과 깨달음으로 중생심의 사바세계에서 그대로 불심의 정토를 실행하는 것이다.

『유마경』에서 "부처의 경계는 어디서 구해야 합니까?"라는 질문에 반드시 중생심의 번뇌 망념에서 구해야 한다고 설하는 것처럼, 연꽃이 산언덕에서 피지 않고, 진흙탕에서 피는 것이라고 처염상정(處染常淨)의 비유법문으로 설한다.

그래서 『유마경』에서 "불속에서 연꽃을 피우는 일은 진실로 희유한 일이다. 중생심의 욕망 가운데 발심수행하여 깨달음을 이루는 일 역시 희유한 일이다[火中生蓮華, 是可謂希有, 在欲而行禪, 希有亦如是]."라고 설한다.

정법의 안목으로 중생심의 번뇌 망념을 자각하고 발심수행하면 정각의 보리와 해탈 열반의 불심을 이루게 된다. 그래서 『화엄경』에서 "일체유심조" 혹은 "만법유심(萬法唯心)"이라고 설한 것처럼, 대승의 불법은 유심의 사상이다,

보리와 열반은 제법의 참된 실상과 법성, 불성을 깨닫고 일체의 사량분별과 번뇌의 불길이 완전히 꺼진 제불여래의 경지이다.

그런데 보리와 열반은 똑같이 깨달음의 경지를 말하

고 있지만 약간의 차이가 있다.

보리는 인간의 지적(知的)인 영역으로 정법의 안목과 방편법문을 제시하는 지혜이고, 열반은 인간의 정적(情的) 혹은 정의적(情意的)인 영역으로, 중생심의 감정과 함께 발생하는 번뇌 망념을 텅 비운, 선정의 수행으로 체득된 깨달음의 세계를 말한다.

대개 우리들 인간의 마음의 작용을 지(知)·정(情)·의(意) 셋으로 나누어서 설명하고 있다.

그런데 인간에게는 지적인 착오와 정(情), 혹은 정의적(情意的)인 미혹이 있다. 지적인 착오를 일으키면 정법의 안목이 없어 사물의 참된 이치와 도리, 제법의 실상을 바로 알지 못하게 된다. 일체 중생이 본래 불성을 구족하고 있다는 사실을 알지 못한 중생을 무지·무명으로 불각(不覺)의 상태라고 말한다. 이러한 지적인 착오로 자아의식의 중생심으로 의식의 대상경계의 사물에 집착[法執]하고, 분별심을 일으키면서 지적인 장애[智碍; 所知障]가 발생한다.

또한 중생심의 번뇌 망념은 감정을 동반하고 있기 때문에 맹목적으로 발생하는 정의(情意)적인 미혹은 사람 마음을 흔들고 들뜨게[動搖]하기 때문에 제법의 이치나 사물의 도리를 아는 정법의 지혜가 있고 없고에 관계없이 사람의 마음을 괴롭힌다.

감정이 수반된 중생심의 정의(情意)적인 미혹으로 자

기에 집착하는 아집(我執)이 생기며, 번뇌 망념의 장애 [愛碍; 煩惱障]가 일어난다.

이러한 중생심의 정의적인 미혹을 극복하는 길은 오로지 선정의 수행을 통해서만이 가능한 것이다. 그래서 선정의 수행으로 체득하는 깨달음의 세계를 열반적정(涅槃寂靜)이라고 한다.

따라서 진여본성과 불법의 진실을 알지 못한 중생의 무지와 무명으로 발생하는 지적인 착오가 해결되면 정법의 대의와 현지를 여법하고 여실하게 판단할 수 있는 반야지혜의 안목이 열리고, 감정적인 마음의 움직임과 번뇌 망념의 파도가 선정의 수행으로 수습되면 바로 진여본심에 평온하고 청명한 본래의 자성청정심을 회복하여 맑은 정신(안정)이 되살아나게 된다.

보리는 정법의 안목을 깨달음의 체험으로 여는 반야지혜를 말하며, 열반은 선정의 수행으로 체득되는 마음의 평온과 안정으로 본래의 청정심을 회복하는 인격의 완성을 말한다.

그래서 불교는 지혜의 완성과 인격 형성을 구현하는 실천으로 선정과 지혜를 수행의 요제로 제시하고 있으며, 선정과 지혜로써 보리와 열반의 경지인 깨달음의 세계를 체득할 것을 강조하고 있다.

6

깨달음의 구조, 깨달음의 세계

깨달음[本覺]과 불각(不覺), 시각(始覺)

선불교의 중심적인 사상구조는 만법의 근원이며 자각적인 주체인 불성사상과 이를 일체의 차별적인 경계에 무애자재하게 지혜로운 삶으로 전개할 수 있는 반야사상의 실천에 있다고 하겠다.

특히 대승불교의 사상을 여래장, 불성사상으로 종합하고 진여일심으로 발심수행하여 제불여래의 지혜를 깨달아 체득하도록 선불교의 수행과 실천체계를 체계 있게 제시한 논서가 마명(馬鳴)의 『대승기신론』이다. 진제(眞諦)삼장의 번역으로 알려진 『대승기신론』은 수(隋)·당(唐)대 중국의 각 종파불교의 사상과 수행체계에 지대한 영향을 미쳤으며, 특히 지론종(地論宗), 섭론종(攝論宗)의 사상가들에 의해 널리 선전 유포되었고, 천태지의(天台智顗)의 천태종, 길장(吉藏)의 삼론종, 신라 원효(元曉)도 『기신론』 주석서를 저술했다.

당나라 시대 현수법장(賢首法藏)은 『기신론의기(起信論義記)』라는 주석서를 저술하였고 화엄교학의 사상에도 큰 역할을 했다. 더욱이 일승(一乘)의 불교사상 전체로 볼 때, 진여일심법(眞如一心法)으로 불법사상과 이론적인 논리를 뒷받침하게 되었다.

선불교에서도 『대승기신론』에서 설하는 깨달음[覺]과 불각(不覺)의 문제와 실천사상, 지관(止觀)의 수행법을 분명하게 제시하는 일행삼매(一行三昧)와 진여삼매(眞如三昧)에 의거하여 정법의 안목과 사상적인 근거로 삼고 있다.

『대승기신론』의 기본적인 입장은 진여일심의 일원론(一元論)에서 대승 중생심의 양면성을 밝히고 있다. 즉 진여자성, 여래장(불성)이 본래 청정한 측면과, 여래장(불성), 아리야식(ālaya)이 중생심의 무지·무명·불각(不覺)으로 세 가지의 미세한 번뇌와 여섯 가지의 거친 번뇌[三細六麤] 망념을 일으켜 의식의 대상경계에 집착하여 진여자성이 번뇌 망념에 오염[隨染]되는 것이다.

즉, 중생의 일심(一心)을 본래 청정한 진여문과 번뇌 망념으로 오염된 생멸문으로 양면을 제시하며 여래장

연기를 설하고 있다.

특히 『대승기신론』에는 본각(本覺)과 시각(始覺), 불각(不覺)이라는 독특한 용어로 깨달음의 구조체계를 논리적으로 설한다. 즉, 중생은 여래장(불성)을 구족하고 본래 자성이 청정한 마음[心]으로 본각이지만, 자아의식으로 삼세(三細) 육추(六麤)의 번뇌 망념이 일어나 본래 청정한 진여를 오염시켜 진여본성을 구족하고 있다는 사실을 알지 못한 무지와 무명으로 불각(不覺), 혹은 깨닫지 못한 미각(未覺)의 상태가 되었다.

그러나 여래장은 오염된 마음을 정화하고 본래 청정한 진여본심으로 되돌아가려는 제불의 본원력(本願力)이 있기에, 대승의 일심으로 발심수행하고 신심(信心)을 일으켜 여러 가지 보살도를 실천하는 방편법문을 수행하면 번뇌 망념을 타파하고 본래 깨달음[本覺]의 지혜를 체득할 수가 있게 된다는 법문이다.

즉, 정법의 안목으로 중생심의 번뇌 망념을 자각하는 발심수행으로 깨달은 첫 단계가 시각(始覺)이며, 시각의 진여[始覺眞如]는 본각의 진여[本覺眞如]를 대상경계로 하고 있기 때문에 시각과 본각은 똑같이 진여일심의 지혜가 작용하는 깨달음이다. 그래서 시각진여가 주체이고 본각진여가 객체가 되기 때문에 진여삼매(眞如三昧), 진여 일행삼매(一行三昧)가 되어 중생심의 번뇌 망념에서 벗어나게 되고, 진여 여래의 지혜가 된다.

이와 같이 발심수행의 시각과 깨달음의 본각이 일체가 되는 진여삼매의 수행으로 진여법신(여래)의 지혜와 정법의 안목이 향상되고, 방편지혜가 증가되면 제불여래의 지혜로 일체 중생을 구제하는 능력을 보살도로 실행할 수가 있다.

『대승기신론』에서 초발심수행의 시각(始覺)이란 중생심인 불각(不覺)의 상태에서 본래 청정한 진여본성의 본각(本覺)으로 되돌아가는 수행[修]이며 깨달음[證]이다.

『화엄경』에서 "초발심을 일으킨 그때가 곧 정각[初發心時便成正覺]"이라고 설하며, 『열반경』에서는 "초발심과 구경의 깨달은 마음, 이 두 마음은 구별할 수가 없으며, 초발심과 구경의 깨달은 마음 가운데 처음의 초발심을 일으키기 어렵다[發心畢竟二不別, 如是二心先心難]."라고 설한다. 초발심과 깨달음의 정각은 진여일심이기 때문에 같고, 발심수행[始覺]과 깨달음[本覺]도 둘이 아니기 때문에 불이법문(不二法門)이다. 그래서 선에서도 "수행과 깨달음은 하나[修證一如]"라고 설한다.

진여 본각과 중생심의 불각은 서로 상대하는 이름이다. 깨달음[覺, 悟]은 진여의 지혜이기 때문에 절대적이고, 상대적인 개념을 대상으로 파악하거나 포착할 수 없으므로, 깨달음의 반대는 중생심으로 깨닫지 못한 상태인 불각밖에 없다. 즉, 일심은 깨달은 불심(佛心)이든 깨닫지 못한 중생심이든지, 어느 한쪽에서 작용하는 것이며, 그 양자의 중간에 있을 수는 없다. 따라서 불심의 깨달음이란 중생심의 미혹[迷]에 대립하는 말이며, 미혹하지 않으면 또한 깨달음이라는 말도 있을 수가 없다.

따라서 중생심의 미혹은 실체[實]로 존재하는 것이라고 할 수가 없고, 또한 불심의 깨달음의 조건으로 간주해서도 안 된다. 『대승기신론』이 본각과 불각 그리고 시각이라는 3자의 변증(辯證)을 제시하고 있는 것은 어디까지나 진여일심으로 발심수행하는 실천사상의 입장에서 제시한 논리이며, 최후에는 오직 시각진여의 지혜와 본각진여의 지혜가 불이일체(不二一體)로 진여삼매의 경지가 되도록 하는 것이다.

그래서 『대승기신론』에 "마음의 근원[心源]을 깨달았기 때문에 구경각(究竟覺)이라 하고, 마음의 근원을 깨닫지 못했기 때문에 구경각이 있다."라고 설하고 있다.

그런데 『대승기신론』에서는 본각과 불각 사이에 시각을 두어 불각에서 본각으로 되돌아가는 초발심의 수행으로 진여가 발심수행하여 여래의 지혜가 실행하도록 수행법을 설하고 있다.

중생심은 생사에 윤회하는 업장을 짓는 일만 하기 때문에 수행이 불가능하다. 발심수행은 진여 여래의 근본[因地]에서 시작되어야 한다는 사실을 시각(始覺)으로 제시하고 있는 것인데, 『원각경』에서는 "여래의 청정한 본심에서 여법하게 수행하는 것[如來因地法行]"이라고 하며, 선에서는 '심지법문(心地法門)'이라고 한다.

선종의 위경(僞經)인 『금강삼매경』에서 설하는 일각 (一覺)은 그 본각의 구경성(究竟性)을 제시한 것으로, 『대 승기신론』의 입장보다 한 걸음 발전한 것이다. 즉, 『금강 삼매경』에서 설한 일각요의(一覺了義)란 일체 중생의 동 일한 본각의 입장이고, 무각(無覺)으로 깨닫고, 깨달음 의 경지에도 안주하지 않는 유일심의 경지이다.

이러한 유일심(唯一心)이 달마의 『이입사행론(二入四行 論)』이나 홍인의 『수심요론』 등의 선어록에서 설하고 있 는 금강심(金剛心)이며, 금강불성(金剛佛性), 금강심지(金 剛心地)라고도 한다. 달마 대사의 이입(理入) 법문에서 설 하는 것처럼, 금강심은 범부나 성인이 둘이 아니며, 자타 도 없고 유무도 아닌 불성의 지혜에 거주한다[住]는 뜻 이다. 물론 여기의 "지혜에 거주한다"는 말은 반야지혜 에 거주하는 무주(無住)의 입장[住]이다.

그것과 관련하여 원효는 『금강삼매경론』에서 "금강의 지혜 당처[智地]에서는 해탈의 길[道]이 끊어지고, 이미 끊어진 무주지(無住地)의 경지에 들지만 출입이 없다. 일 심의 근본[心處]에는 결정성지(決定性地)가 있지 않다."(T. 34-979上.)라고 설한다.

차별의 세계에서 절대의 세계로

선불교에서 설하는 깨달음은 중생심의 모든 차별심·분별심과 이원(二元)의 상대적인 대상경계를 초월하여 어떤 대상경계의 존재나 사물과의 구분을 없애고, 본래 청정한 진여일심의 지혜로 일체법을 통섭(統攝)하여 불이일체(不二一體)의 경지를 이루는 것이다. 그래서 진여평등[平等], 화합(和合), 화쟁(和諍)이라고도 한다.

즉, 범부나 성인, 선과 악, 깨달음과 미혹, 부처나 중생 등 상대적인 차별심과 분별심을 초월하여 일체 중생심의 번뇌 망념과 사량분별이 일어나지 않는 진여자성의 지혜로 시절인연의 자기 본분사의 삶을 사는 것이다.

선에서 말하는 깨달음이란 중생심의 번뇌 망념을 자각하는 시각(始覺)으로 본래 청정한 본각(本覺)의 진여자성으로 되돌아가는 환원성(還元性)의 깨달음을 말한다.

사실 깨달음은 이미 미혹한 사람을 위하여 임시방편으로 제시하는 말이다. 중생심으로 미혹하지 않으면 깨달음이란 말도 필요 없기 때문이다. 미혹이란 자기의 본래 청정한 마음을 상실한 것으로, 그 본래 청정한 마음이 완전히 없어진 것이 아니라 잃어버린 그 마음이 중생의 미혹 속에 있다는 사실이다. 잃어버린 본래의 마음을 되찾는 선의 깨달음이란 사실 중생의 미혹을 제거하고 텅 비우는 일이다.

따라서 깨달음이라고 해서 어떤 새로운 마음을 구해 얻는 것이 아니고, 어떤 무엇을 그곳에 첨가시키는 일도 결코 아니다. 처음부터 자기의 본래 청정한 진여일심의 마음은 항상 그대로 분명히 여여하게 지혜로 작용하고 있다.

또한 잃어버렸다고 해서 본래의 마음이 사라지고 없어진 것이 아니다. 중생심의 미혹과 깨달음에 관계되지 않고, 일체의 사량분별과 차별에서 초월한 본래 청정한 진여일심은 항상 여여하게 지혜로 작용한다. 마치 태양이 항상 밝은 빛을 비추고 있는 것과 같다.

조사선에서는 진여일심을 평상심이라고 하는데, 본래 청정한 평상심을 깨닫고 되찾는 조사선의 수행법을 심지법문이라고 한다.

전미개오(轉迷開悟)

우리들의 마음은 깨달음의 불심과 미혹한 중생심으로 나뉘어 있는 것이 아니다. 미혹한 중생심이 바로 깨달음의 불심이며, 또한 깨달음의 불심이 바로 미혹한 중생심이 되기도 한다. 진여자성의 청정한 불심은 일체의 대상경계를 분별하는 망심이 없지만, 자아의식으로 선과 악을 구별하고, 진(眞)과 망(妄), 번뇌와 보리, 부처와 중생, 성인과 범부를 분별하는 마음을 일으키면 중생심이 된다.

　이처럼 불심과 중생심은 두 마음이고, 양극적이고 상대적인 것으로 보이지만, 사실 이는 인간 일심의 양면성을 나타낸 말이다. 선은 이러한 양면성의 근본인 진여본심(불성)을 깨닫고 상대적이고 분별적인 중생심의 번뇌 망념을 모두 텅 비우고 불식(拂拭)하며, 일체의 차별경계를 초월하도록 설하고 있다.

　즉, 중생심의 차별에서 절대의 진여본심으로, 미혹에서 깨달음으로의 전환을 선에서는 '전미개오(轉迷開悟)'라고 표현한다. 여기서 말하는 '전(轉)'이란 그 중추적인 일심(一心)의 지혜작용을 의미하며, 번뇌 망념을 자각한 시각진여의 지혜작용이다. 중생심의 번뇌 망념을 자각하는 시각진여의 발심수행이란, 즉 정법의 안목으로 자기 자신의 마음작용과 문제점을 성찰하는 자기비판이며, 자아의 현재를 재조명하는 일이라고 할 수 있다.

　전미개오란 말을 글자 그대로 해석하면, "중생심의 미혹을 굴려서 깨달음을 열다."라는 뜻이다. 여기 '굴리다[轉]'는 회전하고 있다는 뜻으로, 미혹한 중생심의 마음 자체를 굴리는 것을 의미한다. 그것은 '미혹을 벗어나다', '미혹을 버리고'라는 의미가 아니다. 굴리는 그 상태에는 항상 미혹이 계속되고 있다는 말이다.

　이와 달리 '굴린다[轉]'에는 반전(反轉)의 의미도 있다.

마치 사진의 필름을 구울 때 흑백이 되도록 하는 것과 같은 것이 포함되어 있다. 전(轉)은 이와 같이 두 가지의 사실을 동시에 내포하고 있는 운동이다. 회전의 의미에서는 마치 둥근 공이 굴러다닐 때와 같이 미혹 그 자체가 조금도 변질되지 않은 채 여러 가지로 나타나는 방법을 보여 주는 것이다.

회전에는 일정한 방향성이 없다. 사각의 상자를 굴릴 때처럼 안정성도 없다. 회전은 항상 의외성과 다양성이 함께하는 운동이다. 미혹을 굴려서 깨달음을 연다고 하지만, 방심이나 부주의란 없다. 둥근 공이 굴러다니는 것처럼, 또 본래의 위치에 되돌아와 본래의 상태로 되돌아갔다고 단정하거나 결정지을 수가 없기 때문이다.

그러나 그러한 사실도 포함하여, 굴러다닌다는 것은 운동이기 때문에 구르는 작용에는 어디를 향해 나아간다는 진보 관념이 개입할 여지가 전연 없다. 그렇기 때문에 미혹을 굴려 본 곳에서 반드시 깨달음에 가까워졌다고 보장할 수가 없는 것이다. 그럼에도 불구하고 "미혹을 굴려서"라고 말할 때의 '전(轉)'은 미혹을 굴려서 깨달음을 여는 전향과 회전의 작용을 말한다.

선종에서는 깨달음을 '돈오견성'이란 말로 강조하고 있다. '돈오'는 중생심의 미혹이나 한 점의 흐림도 없는 진여본심의 지혜작용이다. 또한 중생심의 미혹에는 한 점의 지혜광명도 없다는 2자(二者) 택일적인 구조가 있다. 즉, 일심의 작용에 반(半)은 깨닫고, 반은 미혹한 것이란 있을 수 없다는 것이다. 중생심의 번뇌 망념을 시각의 발심으로 깨달으면, 일심이 모두 본각진여의 지혜로 작용하기 때문이다.

『증도가(證道歌)』에서는 "한 번에 곧바로 깨달아 여래의 경지에 직입(直入)한다[一超直入如來地]."라고 설한다. 여기서 말하는 직입이란 중생심에서 불심의 경지(여래지)를 깨달아 체득한다는 뜻이다. '입(入)'이란 입불이법문(入不二法門)이라고 설하는 말처럼 '들어가다'라고 번역하면, 중생의 세계에서 여래의 세계로 들어가는 것을 의미한다. 이것은 또한 다른 대상경계를 향해 나아가는 것을 의미하기도 한다. 이렇게 입(入)은 여래지를 깨달아 체득한다는 뜻이다.

'직입(直入)'이란 마치 종이의 표면을 옆으로 흐르게 하는 것이 아니라, 표면에서 이면(裏面)으로 뚫고 나가는 것과 같다. 겉[表]의 안쪽[裏]에는 전면(全面) 이측(裏側)이 열리고 있다. 그래서 단번[一超]에 깨달음을 체득한다[直入]라고 설하는 소식이다. 이 말은 『화엄경』에서 "초발심이 곧 정각[初發心時 便成正覺]"이라고 설한 법문과 같은 뜻이다.

마조도일(馬祖道一, 709~788) 선사가 "한 번 깨달으면 영원히 깨닫고, 또다시 미혹하지 않는다. 태양이 나올 때 어둠과 합쳐지지 않는 것처럼 지혜의 태양이 나오면 번뇌의 어둠과는 함께하지 않는다."라고 설하는데, 이것은 깨달음과 미혹함의 절대단절성(絕對斷絕性)과 비공존성(非共存性)을 설한 말이다.

종이의 안과 밖[表裏]은 불이일체(不二一體)로서 분리할 수 없는 것이다. 종이 한 장의 안과 밖이 하나이면서도 하나가 될 수 없는 것처럼, 미혹과 깨달음도 불일(不一)이면서 불이(不二)의 관계이다. 따라서 깨닫게 되면 완전히 깨닫는 것이고, 미혹하면 완전히 미혹한 것이지 반은 미혹이고 반은 깨달은[半迷 半悟] 상태란 있을 수가 없다.

미혹과 깨달음의 차이

돈황본 『육조단경』의 「진불해탈송(眞佛解脫頌)」에 "미혹하면 부처의 지혜를 깨닫지 못하며, 깨달으면 곧바로 부처를 친견한다."라고 설하고, 또 "부처는 중생이 있기 때문에 있고, 중생을 여의고 부처는 없다. 마음이 미혹하면 부처도 중생이고, 깨달으면 곧바로 중생이 부처이다. 어리석으면 부처도 중생이며, 지혜를 체득하면 중생도 부처이다."라고 설하는 것처럼, 중생과 부처가 따로 있는 것이 아니다. 부처와 중생의 차이는 일심의 미혹과 깨달음의 차이뿐이라고 설하고 있다.

즉, 마음이 미혹하면 중생이고, 마음을 깨달으면 중생이 바로 부처라는 말이다. 『화엄경』에서 "마음[心]·부처[佛]·중생(衆生), 이 셋은 차별이 없다."라고 설한 법문이다.

『전등록』제30권에서 징관(澄觀, 738~839)은 황태자의 질문에 대답한 심요(心要) 법문에 "미혹하면 사람이 대상경계[法]를 좇게 되니, 대상경계의 사물[法]과 존재[法]는 천차만별이라 사람이 같지 않고, 깨달으면 대상경계[法]가 사람을 따르니 사람마다 하나의 지혜로 만법의 경계[萬境]에 융합된다."라고 설한다.

『벽암록』제46칙에도 "중생이 전도되어 자기에 미혹하면 대상경계의 사물을 추구한다[衆生顚倒 迷己逐物]."라고 설하는데, 이 말은 원래 『수능엄경』제2권에서 "일체 중생이 본래부터 자기에 미혹하여 대상의 사물을 추구하고 본심을 상실하고 사물에 이끌려서 살고 있다[一切 衆生, 從無始來, 迷己爲物, 失於本心, 爲物所轉]."라고 설한 법문이다.

사람이 대상경계를 좇고 따르는 것을 미혹이라고 하고, 대상경계가 사람을 좇고 따르는 것을 깨달음이라고 한다는 말이다. 이 말은 달마의 『안심법문(安心法門)』등에도 인용하고 있는데, 원래 『구경대비경(究竟大悲經)』제3권에 "미혹할 때는 마음[法]이 의식의 대상경계[法]를 좇지만, 깨닫고 나면 대상경계 그 자체가 그대로 마음

[法]이며, 심법[法]은 움직이지[動轉] 않는다."(T. 85-1376.中)라고 설하는 말을 인용한 것이다.

달마의 『오성론(悟性論)』에 "정견을 가진 사람은 마음이 텅 빈 공성(空性)이란 사실을 알고 곧바로 미혹을 초월한다. 미혹이 존재하지 않는다는 사실을 아는 것이 올바른 깨달음이라고 한다."라고 설한다.

『전등록』제29권의 지공(誌公) 화상의 게송에 "미혹할 때는 공(空)을 사물의 형색[色]으로 보고, 깨닫게 되면 사물의 형색을 공으로 볼 수가 있다."라고 설한 말도 똑같은 내용이다.

원래 미혹함이란 본래 구족한 진여본심의 지혜를 상실한 상태를 말하는데, 여기서 말하는 진여본심도 이미 비본래(非本來)인 중생심의 미혹을 전제로 하는 말이다. 말하자면, 미혹함도 깨달음도 본래는 모두 없는 것이지만, 중생심으로 미혹하기 때문에 깨닫도록 방편법문을 설한 것이며, 중생심의 비본래적인 삶이기 때문에 진여본심의 본래로 되돌아가야 한다고 설한 법문이다.

이렇게 볼 때 미혹함은 이미 깨달음을 포함하고 있는 것이며, 미혹함에 포함된 깨달음도 결국은 미혹함에 지나지 않는다고 말할 수가 있다. 그래서 『전등록』제29권에 지공 화상이 "미오(迷悟)는 본래 차별이 없으며, 색공(色空)도 구경에는 똑같은 것[迷悟本無差別 色空究竟還同]."이라고 설한다.

임제(臨濟) 선사도 "깨달음의 경지는 고정된 주처(住處)가 없으며 그렇기 때문에 얻을 것도 없다."라고 설한다. 이 말은 본래 『유마경』 「관중생품」에서 유래된 말인데, 보리나 번뇌도 모두 실체가 없는 것이기에 불가득(不可得)이라고 설한 것이며, 불가득이기 때문에 깨달음을 대상경계에서 구하거나 얻을 수가 없는 것이다.

『전등록』 제28권에 마조도일이 "미혹할 때는 중생심의 의식[識]으로 분별하고, 깨닫게 되면 진여본심의 지혜가 된다."라고 설하고 있다. 선불교에서 말하는 깨달음의 의미는 정법의 안목으로 반야의 방편지혜를 구족하는 것이다. 대주혜해(慧海) 선사도 『돈오요문(頓悟要門)』에 다음과 같이 설한다.

"견성은 범부[凡]가 아니며 단번에 상승(上乘)의 일심을 깨닫는 것이며, 범부와 성인[聖]을 분별하는 중생심을 초월하는 것이다. 미혹한 사람은 범성(凡聖)을 논하지만, 깨달은 사람은 생사와 열반을 분별하는 중생심을 초월한다. 어리석은 사람은 이사(理事)를 분별하지만, 깨달은 사람은 지혜작용이 자유자재하다. 미혹한 사람은 깨달음을 구하려고 하지만, 깨달은 사람은 구해 얻을 것이 없다. 어리석은 사람은 많은 세월을 기약하지만, 깨달은 사람은 지금 여기서 단번에 불성을 깨달아 친견한다."

중생심의 미혹은 자아의 주관적인 의식[識; vijñāna] 작용이며, 대상경계를 분별하는 차별적인 의식이기 때문에 범부[凡]와 성인[聖], 생사와 열반, 사물[事]과 이치[理]를 구별한다. 따라서 불법의 진리나 깨달음을 구해 얻으려고 하지만, 그러한 불법이나 깨달음, 불경계나 정토는 실체로 존재하는 것이 아니기 때문에 영원히 구해 얻을 수가 없다.

　이와 반대로 깨달음은 진여본심의 지혜(prajñā)작용이다. 범부나 성인, 생사와 열반 등 일체 이원적인 사고와 상대적인 차별심을 초월하여 이사(理事)가 원만하게 불성의 지혜로서 작용[大用]하는 진여삼매의 경지이다. 깨달음을 체득한다고 하지만, 원래 깨달음을 추구하려는 의식이 없기 때문에 초발심과 함께 단번에 정각이 이루어짐과 동시에 깨달음의 지혜가 실행[現成]되는 것이다. 즉, 깨달음은 항상 지금 현재 초발심과 함께 지혜작용으로 실행하고 있는 것이며, 결코 미래에 두고 하는 말이 아니다.

　이러한 사실은 여래의 '여실지견(如實知見)'에서 여(如)라는 한 글자로써 표현하고 있다. 여기의 여래(如來), 여시(如是), 여법(如法), 여실(如實), 여여(如如)라는 말은 진여의 진실한 생명이 작용하는 실상임과 동시에 진여본심이 지금 여기, 자기 본분사의 지혜로 여실하게 불이(不二)의 묘용으로 실행하고 있다는 의미이다.

보이는 대상과 보는 주체가 진여일심 하나로 실행되기 때문에 여실지견이라고 말한다. 여실한 것을 여법하게 진여의 지혜로 본다고 하는 인식의 주체와, 여실하게 보는 진여본심의 지혜작용이 일치하고 있다. 그러한 진여일심의 지혜는 중생심으로 인식하는 삼계의 미혹한 중생세계를 초월할 수가 있다.

● 불지견(佛知見)과 깨달음

『화엄경』 제8권 「범행품」에 "불지견(佛知見)으로 중생심의 번뇌 망념을 자각한 초발심이 곧 정각을 이룬 것이니, 일체법의 진실한 본성은 여래의 지혜법신을 구족하고 있다. 다른 깨달음에 의거하지 않는다는 사실을 알 수 있다[初發心時 便成正覺, 知一切法 眞實之性, 具足慧身 不由他悟].'라고 설한다.

『수능엄경』 제10권에도 다음과 같이 설한다.

진여본심은 단번에 깨닫는 돈오(頓悟)이며, 깨달음의 수레를 타면 번뇌 망념은 소멸된다. 현실에서 발생하는 매사의 번뇌는 단번에 제거할 수가 없다. 단계적인 방편의 지혜로 해결해서 없애도록 해야 한다. (理卽頓悟 乘悟併銷. 事非頓除 因次第盡.)

불지견으로 중생심의 번뇌 망념을 자각하는 시각진여의 발심수행은 중생심을 본래의 불심으로 전환하는 깨달음[本覺; 正覺]이다. 『법화경』「방편품」에서 제불세존이 출세하여 설법하는 일대사 인연은 정법을 개시오입(開示悟入)해서 일체 중생들이 불지견을 구족하도록 하는 본분사의 일이라고 설한다.

불지견을 구족하는 깨달음은 제불여래와 조사의 설법을 여시아문(如是我聞)하여 언하(言下)에 대오(大悟)하는 인연으로 설한다. 『육조단경』에 홍인 대사가 설한 『금강경』의 법문을 듣고 혜능이 언하에 대오하여 달마 대사가 전한 가사와 선법을 전해 받은 이야기를 전한다.

경전의 법문과 조사의 설법을 청법(聽法)하고 언하에 대오하는 깨달음은 정법의 안목, 불지견, 여래 실지(悉知) 실견(悉見)을 구족하는 깨달음이다. 불지견과 정법의 안목이 없으면, 발심수행하여 진여본심을 깨닫는 돈오견성을 할 수가 없다. 돈오(頓悟)는 중생심의 망념에서 진여본성을 회복하는 깨달음이다.

그러나 현실에서 매사에 발생하는 중생심의 번뇌 망념과 대상경계에 집착하는 일, 전도몽상(顚倒夢想)으로 착각하는 수많은 심병(心病)은 그 하나하나의 심병과 문제점에 맞추어 차례차례 단계적인 방편지혜로 치료해야한다. 8만 4천 번뇌는 8만 4천 방편지혜로 치료해야 한다는 것인데, 선(禪)에서는 점수(漸修)라고 한다.

중생심의 심병을 진단하고 자각하는 일 역시 불지견, 정법의 안목이 있어야 가능한 일이다. 방편의 지혜가 없으면, 중생심의 심병을 치료할 수가 없기 때문에 다양한 방편지혜를 구족하는 간경(看經), 간화(看話), 참선과 같은 방편수행이 필요하다.

『능가경』에 "여래선은 번뇌 망념을 자각하여 부처의 성스러운 지혜[聖智]를 이루는 것"이라고 설한 것처럼, 불지견, 즉 정법의 안목이 없으면 번뇌 망념을 자각할 수도, 발심수행을 할 수도 없다. 『좌선의』에서는 "정법의 안목으로 망념이 일어나면 망념을 자각하라. 망념을 자각하면 망념은 없어진다[念起卽覺, 覺之卽失]."라고 설한다.

깨달음[悟]의 전후

『조당집(祖堂集)』 제1권에 제5조 제다가 존자의 전법게(傳法偈)에 "철저히 깨달은 이후라고 할지라도 또한 깨닫기 이전과 다름이 없다[悟了同未悟]."라는 말이 있다. 이 말은 돈오견성(頓悟見性)하여 철저히 진여본성을 깨닫고 난 뒤나 깨닫기 이전이나 진여일심은 한결같이 똑같은 마음이라는 뜻이다.

깨닫기 이전에는 의식의 대상경계에 속박되어 만물에

게 부림을 당하여 자유롭지 못하고 경계에 끌리어 다녔지만, 깨닫고 난 뒤에는 진여본심을 회복하여 일체 만물의 주인이 되어 자유자재로 사용할 수가 있게 되었다는 것이다. 본래의 마음이 미혹하면 대상경계의 사물에 속박되어 자유를 상실하지만, 진여본심을 깨달아 체득하면 만법의 주인이 된다는 뜻이다. 임제 선사가 "곳에 따라 주인이 되라[隨處作主]."고 강조한 말과 같다.

조사선에서는 "대오(大悟)는 도리어 미혹함과 같다[大悟却迷]."라고 설법하는데, 본래 크게 깨닫게 되면 중생심의 미혹이 없기 때문에 중생들의 미혹함을 구제하기 위해 중생세계에 몸을 나투어 중생과 함께 보살도의 동사섭을 실행하는 것이다. 이것은 사실 정법의 안목을 구족한 사람이 미오를 초월한 미오 일체(迷悟 一體)의 입장으로 각미(却迷) 이외에 또 달리 대오(大悟)란 없는 것이다.

과학자들이 물(水, H$_2$O)을 분석하여 물의 속성을 수소 2와 산소 1의 결합이라고 설명하고 있다. 그러한 물의 속성과 본질적인 사실을 철저한 실험을 통해 잘 알았다고 해서 물의 맛이 변하는 것은 아니다. 우리들 인간의 일상생활을 영위함에 있어 필요한 것은, 그러한 사실을 알기 이전과 마찬가지로, 음료수의 물을 물로서 사용한다는 사실과, 물과 자기와의 필수적인 관계, 그리고 그 물을 자기의 생명과 건강한 삶으로 가꾸는 생활의 지혜와 여러 가지 방법뿐이지 그 외에는 아무 것도 없다. 또한 물의 속성을 잘 알았다고 해서 그 어떤 사실을 새롭게 바꾸는 일도 없다. 단지 물에 대한 본질을 확실히 알았다는 그 사실 이외에는 깨달아 체득한 것이란 아무 것도 없는 것이다.

제다가 존자가 읊은 전법게에 "깨닫고 보면 깨닫기 이전과 다름없다."라고 하는 말도 이와 같은 의미이다. 『벽암록』 제26칙에 전하는 백장 선사의 독좌대웅봉(獨坐大雄峰)이란 법문에서도 이 말을 인용하고 있는데, 깨닫고 난 뒤라고 해서 별달리 기특한 일이 있는 것은 아니다. 단지 매일매일 백장산에서 시절인연에 따라서 지금 여기, 자기 본분사의 일을 하면서 살고 있을 뿐이라고 설한다.

사실 깨달음의 극치는 진여본심을 깨닫고, 깨달음의 경지뿐만 아니라 일체 의식의 대상경계를 초월했을 때 진여본심의 지혜는 자유자재로 임운(任運) 무작(無作)의 세계가 열린다. 그렇기 때문에 본래인의 형상[外形]은 깨달음이라든가 불도라든가 하는 의식이나 고정관념, 편견, 개념화된 사고가 전연 없다. 깨닫기 이전[未悟], 혹은 불도(佛道)의 수행을 지향하기 이전의 본래 모습과 조금도 다름이 없고, 변함도 없다고 설한 것이다.

이러한 깨달음의 전후가 진여본심으로 여여하게 지혜로 작용하는 경지를 소동파(蘇東坡, 1036~1101)는 다음과 같이 읊고 있다.

廬山煙雨浙江潮　　여산연우절강조
未到千般恨不消　　미도천반한불소
到得還來無別事　　도득환래무별사
廬山煙雨浙江潮　　여산연우절강조

여산은 연우, 절강은 조수
그곳을 구경하지 못하면 후회한다.
구경하고 돌아와도 특별한 일은 없네.
역시 여산은 연우, 절강은 조수의 모습일 뿐.

　소동파가 여산(廬山)의 동림(東林) 상총(常總, 1025~1091)
선사에게 나아가 철저히 참선하여 깨닫고 지은 게송[詩]
이라고 한다. 산은 산, 물은 물이요, 버드나무[柳]는 본래
푸르고[綠] 꽃은 붉은 것처럼, 대자연의 일체 모든 존재
가 각자 본래 그대로의 실상(實相)을 지니고 본분사의 삶
으로 살고 있을 뿐 별달리 변화가 있는 것이 아니다.
　깨달음의 체험으로 체득한 지혜는 일체 만법이 본래
그대로 본분사의 지혜생명으로 살고 있는 제법실상을
정법의 안목으로 여실지견할 뿐이다.
　그래서 선에서는 깨닫기 이전처럼, 사람은 옛 사람과
다름이 없지만, 옛날 중생심으로 살던 방식과는 달리

정법의 안목과 방편지혜로 무애자재한 본분사의 일을 주인이 되어 창조적인 삶을 건립하며, 보살도를 실행할 수 있는 능력을 갖게 된다.

이 말은 앞에서 언급한 것처럼, 마조가 깨닫기 이전은 만법의 대상경계에 집착하여 자신을 상실하고 만법의 부림을 당한 것이며, 깨달은 이후에는 만법의 대상경계나 방편 도구의 사물을 자유롭게 사용할 수 있는 정법의 안목과 방편지혜를 구족한 것을 의미한다.

7

선의 교육

선의 교육 정신

네덜란드의 교육학자인 랑게벨트(M.J. Langeveld)는 "인간은 교육하지 않으면 안 될 동물(Animal educandum)"이라고 말했다. 인간은 지극히 미숙한 두뇌를 가지고 태어나기 때문이라고 한다.

1920년대 인도에서 발견된 늑대 소녀 '카말라'처럼 늑대에게 길러지면 늑대의 배선(配線)이 깔리게 되어 늑대처럼 행동할 가능성이 있다는 사실을 지적하고 있는 것이다.

따라서 우리들 인간은 교육하지 않으면 안 될 동물이며, 부모로서 교사로서 선배로서 어린이나 후배들을 교육하고 지도하며, 또 서로서로 자기가 훈련하고 있는 것이다.

불교의 교육은 미숙한 어린아이(중생)를 교육시켜 각자 깨달음의 체험으로 지혜를 개발하여 자각적인 삶을 살 수 있는 성인(부처)이 되도록 하는 법문이라고 할 수 있다.

교육(education)이란 말은 라틴어 ēdúco(끌어내다)에서 유래되었다. 즉, 우리들 인간이 각자 본래 지닌 가능성의 능력을 끌어내는 것이 교육의 본래 의미이다. 이 말은 선의 교육 정신과 일치한다. 불법의 진리나 정법의 지혜란 물건을 건네듯 직접적으로 전달할 수 있는 것이 아니다.

불법의 진리나 정법의 진실을 설하는 교사(스승)는 다만 제자가 자기 몸으로 진리를 발견하도록 도와주는 역할밖에는 아무 것도 할 수 없다. 그것이 교사(스승)의 사명이다. 교사는 정법의 진실을 여실하게 소개하고 제시하여, 제자들이 자신의 눈으로 직접 보고 깨닫도록 안내하는 간접 전달자에 불과하다. 이것은 기원전 5세기경 소크라테스가 '산파술(産婆術)'이라 이름 붙인 교육법과 같은 입장이다.

선의 교육은 인간이 각자 구족하고 있는 불성에 잠재적으로 구족(소지)하고 있는 부처의 무한한 지혜와 덕성을 충분히 개발하고 발휘하게 하는 산파술과 같은 것이다. 인간을 종교나 혹은 불교라고 하는 어떤 형식이나 형체로 짜인 틀 속에 끼어 맞추는 것이 아니라, 복재(伏在)하는 인간 각자의 무한한 가능성의 잠재 능력을 깨우치게 하는 것을 이상(理想)으로 한다. 따라서 선은 우리들 각자가 각자의 능력을 충분히 펼치고 발휘할 수 없게 하는 중생의 번뇌 망상과 현실의 장애를 제거하기 위하여 매일 무한한 수행과 노력을 계속하고 있는 것이다.

대개 오늘날의 사회교육은 지식과 상식을 외우고 기억하며 이를 많이 축적하는 일부터 시작한다. 그러나 선의 교육은 이와는 반대로 각자 불성에 구족된 반야의 지혜를 장애 없이 자유자재로 발휘하도록 일체의 지식과 상식을 완전히 몽땅 버려 텅 비우도록 하는 교육인 것이다. 즉, 중생심의 마음을 텅 비우도록 함으로써 각자의 불성에 구족되어 있는 무한한 반야의 지혜가 드러나 자유자재로 발휘될 수 있는 것이다. 다시 말하면, 선의 교육은 일체의 사량분별과 중생심의 망념을 비우는 공(空)의 실천으로 무아(無我), 무념(無念), 무심(無心)의 경지를 깨달아 체득하고, 각자의 불성에 구족된 진여법신 지혜와 자비행으로 보살도의 인격을 실행하게 하는 전인(全人) 교육사상이다.

이처럼 선의 교육은 현대사회의 일반적인 교육 정신과는 달리 선생이 학생에게 많은 지식을 외우도록 주입시키는 것이 아니라, 우리들 각자가 이미 자아의식의 중생심으로 분별하는 상대적인 차별심과 자아의 주관적인 사고로 인식하는 기존의 언어 개념들과 고정관념을 모두 떨쳐 버리고 각자의 중생심의 번뇌 망념을 텅 비우도록 하는 수행이다.

즉 선불교에서는 자아를 부정하고 부정하여 부정의 극치인 무아의 근저에 무위진인(無位眞人), 무의도인(無依道人), 무사인(無事人), 본래인(本來人)이라는 종교적인 인격을 발견하도록 한다. 자아의식의 중생심을 철저히 부정하고 드디어 중생심의 번뇌 망념이 없어지고 아무 것도 없는 텅 빈 마음, 아니 없다고 하는 그 말까지도 텅 비운 공(空)의 세계에 일체를 초월한 진여본심으로 참된 진인(眞人)이 주인이 되어 반야 지혜를 자유롭게 실행하도록 한다.

이처럼 철저한 자아 부정으로 중생심의 자아의식을 극복한 공의 경지를 선에서는 대사일번(大死一番)이라고 말한다. 철저한 자기부정으로 자기 자신이라는 의식과 자기라는 고정관념까지 완전히 없어졌기 때문에, 그대로 본래면목을 회복하고 부처의 지혜를 체득하게 되는 것이다. 여기선 부처라는 명칭도 의미가 없는데, 자기의 존재 모두가 없어지고, 자기를 절대 부정하는 것이 도리어 크게 진여법계와 하나가 되어 우주적이고 근원적인 대자연의 생명과 일체가 되는 것이다. 선에서는 진여일심의 지혜는 법계와 하나[法界一相], 혹은 만법일여(萬法一如)라고 한다.

스승과 제자의 구법 교육

선의 교육은 스승과 제자가 서로서로 선기(禪의 機智; 선문답, 언어 동작 등)의 지혜로 대화하는 선문답(禪問答)과 진여일심의 지혜로 친견(親見)하는 상견(相見)으로 실행된다. 따라서 다른 어떤 종교의 교육이나 수행보다도 스승과 제자 사이의 인간관계가 선기의 지혜로 대화하는 선문답의 교육에서 중요시된다.

선종의 전등 법통설도 이러한 스승과 제자[師資]의 선문답의 교육으로 이루어진 것이라고 할 수 있다. 선불교에서 강조하는 사자(師資)의 교육은 자각적인 체험을 통하여 각자가 구족하고 있는 불성의 지혜를 개발하여, 정법의 안목을 구족하고 여실수행으로 제불여래의 방편지혜와 자비를 보살도의 회향으로 실행하게 한다.

이러한 선의 교육은 반드시 스승의 올바른 안목으로 제자의 선기(禪機) 지혜를 발휘시켜 깨달음을 체득할 수 있도록 인도하는 것이다. 따라서 스승은 제자가 잠재적으로 지니고 있는 선기의 가능성[禪機]을 개발할 수 있도록 해 주는 산파(産婆)의 역할을 하고, 석가세존과 같이 길을 인도하는 안내자의 역할을 하는 것이다.

뛰어난 제자가 올바르고 빠르게 깨달음을 체득하는 것은 좋은 스승과의 인격적인 만남과 접촉을 통한 인도로써 가능하다. 이 때문에 선불교에서는 스승과 제자의 인간관계를 무엇보다 중시한다. 일상생활을 영위하는 스승의 일거수일투족이 모두 제자의 깨달음으로 연결되는 교육이다.

선불교의 교육은 제자들이 각자 본래 구족하는 진여본성과 불법의 참된 진실을 자각하여 정법의 안목[正法眼藏]을 구족하도록 하는 일이다. 즉, 진여일심의 지혜로 중생심의 심병을 진단하고 치료할 수 있는 안목을 구족해야 방편의 지혜로 중생들을 구제하고, 시절인연의 본분사를 여법하게 실행하는, 안목 있는 선승이 될 수가 있다.

따라서 때로는 일상생활의 여러 가지 선기의 대화[禪問答]를 하기도 하고, 주장자를 휘둘러 제자들을 경책하기도 하며, 일체의 사량분별과 차별심에서 벗어나도록 일갈(一喝)로써 고함을 치기도 한다. 어느 때는 눈앞에 전개되고 있는 사건이나 어떤 사물을 가리키는 지사문의(指事問義)로써 설법을 하기도 하며, 여러 가지 방편시설과 도구[機關] 등을 제시하면서 제자들을 깨달음의 세계로 인도한다.

스승이 제자를 인도하는 교육법을 방편수행문이라고

하는데, 뛰어난 스승일수록 다양한 방편법문과 방편지혜(수단)를 제시하여 제자들이 깨달음의 경지를 얻도록 이끈다.

선승들의 교육 방법은 다양한 방편법문을 제시하지만, 대개 내용적으로는 구도적인 발심수행으로 향상문(向上門)과 지혜와 자비를 회향하는 향하문(向下門)을 실행할 것을 지시하고 있다. 그리고 지도 방법으로는 중생심을 텅 비우도록 하는 파정문(把定門)과 독자적인 방편지혜를 실행할 수 있는 능력을 개발하도록 방행문(放行門)을 제시하고 있다고 할 수 있다.

상구보리의 향상문은 제자들이 각자의 불성에 구족되어 있는 반야의 지혜와 인격을 완성하도록 하며, 깨달음을 추구하도록 하는 것을 끊임없이 수행 정진하게 하는 것이다. 하화중생의 향하문은 지혜와 인격을 중생구제의 자비심으로 회향할 수 있도록 많은 방편의 지혜를 개발하게 하는 교육이다.

그리고 파주(把住)는 아침부터 저녁까지 스승의 철저한 지도하에서 수행생활을 하도록 하는 것이다. 즉 선원에서의 출입이나 일거(一擧) 일동(一動)을 비롯하여 일체의 모든 행동을 스승의 지시와 법규에 의거하여 여법하게 수행하는 선원의 생활이다. 식사나 차(茶) 마시는 일에까지 모두 선원청규나 교단의 법칙에 어긋남이 없이 철저하게 법도(法度)에 맞는 수행생활을 하도록 하는 것을 말한다.

선의 교육적인 생활은 일단 어느 스승의 가르침을 받기 위해 입문(入門)하면, 자기의 모든 것을 스승에게 의탁하고 오랜 세월 동안 자기 마음대로 하지 않으며, 스승이 조금의 여유도 주지 않고 꽉 잡고 지도하여 하나의 인격체가 이루어질 수 있도록 교육하는 것이다.

이와 반대로, 방행(放行)은 어느 정도의 수행 기간(세월)이 지나 제자의 안목과 수행 능력이 어느 경지에 도달하고, 시절이 되면 이제 일체를 풀어 놓고 자유롭게 하여 지금까지 갈고 닦은 수행 생활이 자연스럽게 자기화되도록 하는 교육이다.

다시 말하면, 이제 어느 정도 한 사람의 선지식으로 인정받는 것이다. 이때부터는 전국의 선원을 두루 찾아다니면서 훌륭한 선지식을 두루 참문하는 구법의 행각(行脚) 수행을 하도록 한다. 선승들의 행각수행을 '파초혜(破草鞋)', 혹은 '행운유수(行雲流水)', '발초참현(撥草參玄)', '발진견불(撥塵見佛)'이라고 하는데, 이는 『화엄경』 제51권 「여래출현품」에 "육진(六塵)의 번뇌 망념을 타파하고 진여의 방편지혜를 드러내어 널리 중생을 구제하여 이익되게 한다[破塵出經卷 普饒益衆生]."라고 설한 법문에 의거한다.

천하의 깊은 산중에 은거하고 있는 안목 있는 선지식을 참문하고, 정법의 안목과 견문을 넓히고, 진여본심을 깨달아 육근(六根)과 육진(六塵)의 중생심을 타파하며, 방편의 지혜를 넓고 깊게 하며 선사상을 심화(深化)하는 참선수행이다.

『벽암록』제53칙에 "물의 근원이 깊지 못하면 물의 흐름이 멀리 갈 수가 없고, 지혜가 크지 못하면 견해와 안목이 멀리 볼 수가 없다[源不深者流不長, 智不大者見不遠]." 라고 설한 것처럼, 전국의 여러 산중에 거주하는 선지식을 찾아다니며 훌륭한 지혜와 인격을 친견하는 행각수행을 통하여 우주의 만법과 자연의 일체를 자기화하는 교육이라고 하겠다.

이러한 행각수행은 자아의식을 텅 비우는 향상의 파주문(把住門)과 방편지혜를 실행하는 향하의 방행문(放行門)으로 설하는데, '입격출격(入格出格)'과 같은 말이다. 입격(入格)은 엄격한 수행 규칙에 맞추어 철저한 수행을 닦는 것이고, 출격(出格)은 그러한 선의 수행이 완전히 몸에 배고 익어서 이제 더 이상 어떠한 형식이나 격식 같은 방편의 규제가 필요 없게 된 경지를 말한다. 따라서 방행은 정법의 안목을 구족한 출격 장부(丈夫)의 능력을 갖춘 경지를 말한다.

선의 교육은 이처럼 스승이 제자의 수행과 깨달음의 경지를 잘 관찰하여 때에 따라서는 향상의 파주문과 향하의 방행문을 자유롭게 구사하고 있는데, 뛰어난 스승의 안목과 역량에 따라 제자의 행 경지를 곧바로 판단하여 새로운 세계로 인도하게 된다.

이러한 스승의 가르침과 지도를 통해 몸으로 직접 불법을 깨닫고 자기 본분사의 지혜로운 삶을 건립할 수가 있는 것이다.

선에서는 스승이 제자의 수행과 깨달음, 그리고 정법의 안목을 점검하고 파악하는 수단으로 '탐간영초(探竿影草)'라는 말을 사용하고 있다.

『임제어록』에 "어떤 때의 일갈은 탐간영초와 같다."라고 말하고 있다. 원래 탐간영초는 어부가 고기를 잡을 때 사용하는 도구를 의미한다. 탐간(探竿)은 긴 장대 끝에 오리털을 매달아 물속에 집어넣고 고기 떼를 모으는 도구이고, 영초(影草)는 풀 더미를 물 위에 띄워 그 밑에 고기들이 모이도록 하는 수단이다. 제자들의 역량을 파악하기 위해 여러 가지 대화를 제시하거나 어떤 사물을 가리키면서 견해를 물어 보는 스승의 일체 언행이 그대로 제자들을 진실의 세계로 이끌기 위한 수단과 방편이 되는 것이다.

그래서 선종에서는 스승의 일상적인 선문답의 대화나 언어, 행동의 하나까지 제자들이 본대로 들은 대로 기록하는 어록이 출현하게 되었다. 어록은 불법의 진실을 체득한 위대한 종교자인 스승이 제자들에게 베푼 선기(禪機) 지혜(智慧)의 말이며, 산 교육의 실제를 기록한 생생한 인간의 육성 설법집이기도 하다.

수행자들의 깨달음은 스승의 인도와 계몽에 의한 교육적인 사실의 실증이며, 또한 그 깨달음의 실증(實證: 證悟)이 후대의 구도자들을 개오(開悟)로 인도하는 가장 좋은 안내 법문이 되는 의미를 지니고 있다.

『조당집』 제7권에 암두(巖頭) 선사가 스승 덕산(德山) 선사에게 "지혜가 스승을 능가해야 비로소 스승의 가르침을 전할 수가 있고, 지혜가 스승과 같은 경지라면 이후 스승의 공덕을 손상하게 될 것입니다[智慧過師 方傳師敎, 智慧若與師齊 他後恐減師德]."라고 말한다.

『임제록』에도 "견해가 스승과 같은 경지라면 스승의 공덕을 반이나 손상하게 되고, 견해가 스승을 능가해야 비로소 스승의 정법을 전수할 수가 있다[見與師齊 減師半德]."라고 설한다.

『벽암록』 제38칙에는 "선기의 지혜를 실행하는 일에 스승에게 양보하지 않는다[臨機不讓師]." 혹은 "선기의 지혜에서는 양보하지 않는다[當機不讓]."라고 『논어』 「위영공편」의 말[當仁不讓於師]을 빌려 설한 것처럼, 스승과 제자의 구법은 『순자(荀子)』에서 설한 청출어람(青出於藍)의 교육 정신이다.

그리고 이러한 스승과 제자들이 깨달음으로 연결되는 사자(師資)의 법맥이 제대로 상승되어 올바른 불조의 혜명을 계승하도록 기록한 것이 정법(正法)을 계승[相承]하는 전등(傳燈) 법계(法系)이다.

정법 상승의 사실을 인증하는 전등의 법계가 『전등록』이라는 책으로 정리된 것도 역시 스승과 제자[師資]의 구법과 정법의 전승을 중시하는 선불교의 특성에서 볼 때 지극히 당연한 일이라고 할 수 있다.

일상생활상의 교육

참된 교육이란 스승과 제자가 가르치고 배우는 형식과 의식이 완전히 없어진 상태에서 자연스럽게 이루어지는 생활상의 교육이라고 하겠다. 즉 제자가 스승으로부터 언제 어떠한 교육을 받았는지 전혀 의식적으로 눈치채지 못할 사이에 스승의 가르침이 제자의 몸에 배어버려서 자연스러운 상태로 일상생활에 지혜롭게 실행되도록 해야 한다.

『조당집』 제11권에 보복(保福) 선사는 다음과 같이 설법하고 있다.

보복 선사가 설법했다. 왕사성의 유명한 의사[名醫] 기바(耆婆: Jivaka)가 제자들에게 "그대는 이 산중에 들어가 약초(藥草)가 되지 못할 풀을 찾아오라!"라고 지시하니, 제자가 돌아와서 스승에게 말했다. "약에 쓰이지 못할 풀은 전혀 찾아볼 수가 없습니다."

이 일단은 『벽암록』 제87칙에 문수와 선재(善財)의 대화로도 인용하고 있는데, 유명한 의사의 가르침은 특정한 교육이 아니라 일상의 모든 말과 행동으로 제자들에게 교육하는 일이 되어 자연스럽게 귀와 눈과 몸에 스며들어 지혜의 생활이 되도록 하는 것이다.

선의 생활교육으로 잘 알려진 이야기가 『전등록』 제14권, 「용담숭신(龍潭崇信)전」에 다음과 같이 전한다.

숭신(崇信) 선사가 처음 천황사(天皇寺) 도오(道悟) 선사에게 출가하여 3년간 열심히 지극 정성으로 시봉하고, 어느 날 다음과 같이 질문했다.

"제가 스님의 제자가 되어 출가한 뒤로 3년간 열심히 모셨지만 스님께선 한 번도 저에게 선의 심요법문(心要法門)을 설해 주신 적이 없었습니다.

도오 선사는 "나는 그대가 여기에 온 이후로 잠시라도 자네에게 설법을 하지 않은 적이 없었다."라고 말하자, 숭신은 "언제 저를 위해 설법해 주셨습니까?"라고 반문했다.

도오 선사는 "그대가 차를 끓여 오면 나는 차를 받아 마셨고, 밥을 가져오면 밥을 받아먹었고, 인사를 하면 고개를 끄떡이며 응답했다. 언제 내가 그대에게 심요법문을 설하지 않은 적이 있는가?"라고 말했다.

이 말을 듣고 숭신은 머리를 숙이고 잠자코 사유하며

앉았으니, 도오 선사가 "보려면 단번에 볼 것이지 사량 분별로 생각해서 알려고 하면 벌써 어긋난다!"라고 고함쳤다. 이 한마디의 말에 숭신은 단번에 깨닫게 되었다.

심요법문(心要法門)이란 진여본심으로 지금 여기서, 자기 본분사의 일을 지혜롭게 사는 선의 생활을 말한다. 마조가 "평상심이 바로 도(道)"라고 설한 조사선의 생활 종교이다. 인간에게 일상적인 삶을 실행하는 마음을 제외하고 또 달리 특별한 불심의 마음이 존재하지 않는 것처럼, 인간의 일상생활을 사는 세간법을 벗어나 출세간법의 세계가 달리 존재하는 것이 아니다.

이러한 중생심으로 일상생활 그 가운데 정법의 안목으로 중생심의 번뇌 망념을 자각하여 진여본심을 회복하고, 지금 여기, 시절인연의 본분사를 여법하게 방편의 지혜로 사는 일이다.

선은 이러한 불법의 사상과 지혜를 스승의 일상생활 속에서 자연스럽게 배우고 익히며, 스스로 깨닫고 자기화하여 자연스럽게 생활하는 삶이다.

예술의 참된 비결은 스승으로부터 배우는 것이 아니라 훔치는 것이라는 말이 있다. 이 말은 가르치는 스승보다 배우는 제자에게 적극적인 의욕이 더 많이 있어야 어떤 경지에까지 도달할 수 있다는 것을 의미한다. 예술과 선(禪)의 교육이 사정은 다르다고 할지라도, 배우는 제자의 입장에서 적극적인 원력과 분발심으로 노력하려는 의욕이 기본이라는 점에서는 똑같다고 할 수 있다.

자각적인 교육 방법

선은 자각의 종교이기에, 각자 스스로 불법의 대의와 심중(心中)의 망념을 깨달아 체득하도록 가르치는 것이 선의 교육이다. 스승의 위대한 인격과 지혜를 보고 배우며, 이를 훔쳐서 자기 것으로 만드는 것이 자각적인 교육 방법이라고 하겠다. 그래서 선의 어록에는 선승들을 도적이라고 하며, 도둑질하는 이야기를 많이 언급하고 있다.

선의 교육을 밤도둑[夜盜]으로 비유하여 설하는 송대 오조법연(五祖法演, ?~1104) 선사의 설법을 인용해 보자. 법연 선사는 "선의 교육은 밤도둑과 같은 것"이라고 하면서 『오조어록[五祖錄]』에 다음과 같이 설하고 있다.

어떤 나이 먹은 늙은 도둑이 어느 날 자기 아들에게 다음과 같이 말했다. "나는 일생 동안 도적질을 직업으로 일하며 살아 왔다. 그러나 이제 나이도 들고 죽을 날도 멀지 않았기에 오늘 밤 너에게 도둑질하는 방법과 기술을 전수하려고 한다."라고 말했다.

그리고는 그날 밤 심야(深夜)에 그는 아들을 데리고 어떤 부잣집으로 살그머니 들어가 보물이 들어 있는 보물창고[寶物庫]를 가리키며 말했다.

"애야! 너는 창고 속에 들어가서 안에 있는 보물을 밖으로 끌어내도록 하여라. 나는 여기서 그것을 받도록 하마." 그래서 아들은 보물창고 속에 뛰어 들어갔다. 그때 그의 아버지는 밖에서 보물창고의 문을 닫고는 자물쇠로 채웠다. 그뿐만 아니라 "도둑이야!"라고 큰 소리로 고함치고는 먼저 집으로 갔다. 집안의 하인들이 모두 일어나 보물창고 앞으로 몰려들었다. 창고 속에 있는 아들은 "이것 정말 너무 심한 낭패를 저지르는 아버지구나!"라고 원망했다. 그러나 어떻게 해야 이 어려운 궁지에서 빠져나갈 수 있을 것인지를 궁리하는 일이 시급했다. 그 순간 좋은 생각이 머리에 떠올라 아들은 보물창고 속에서 쥐가 나무를 갉아 먹는 소리를 냈다. 그러자 하인들이 놀라서 보물창고의 자물쇠를 풀고 문을 열었고, 그때 곧바로 순식간에 아들이 밖으로 뛰쳐나왔다. 깜짝 놀란 하인들이 멍하니 서 있는 그 순간에 집 밖으로 뛰어나와 정원을 달리며 큰 돌을 연못에다 집어던지자 뒤를 쫓던 하인들은 도둑이 연못에 빠진 줄 알고 찾았다. 아들은 그 틈을 타서 담장을 뛰어넘어 무사히 집으로 도망쳐 왔다.

아들이 무사히 도망쳐 나온 경위를 자세히 들은 아버

지는 "옳지, 이제 됐다. 그 정도면 너도 한 몫을 할 수 있는 도둑이 됐다. 이제 나도 안심하고 죽을 수가 있겠다."라고 말하면서 기뻐했다는 이야기이다.

선승의 제자 교육 방법도 이와 같이 직접 체험시키는 일이라고 할 수 있다. 법연 선사는 이 도적과 같이 선의 수행은 각자가 자기 자신이 어려운 곤경에 빠져서 죽을 고비[大死一番]를 넘기는 철저한 체험을 하지 않고선 깨달음의 경지를 체득할 수가 없으며, 또한 남을 지도할 수 있는 인물이 될 수 없다고 주장한다.

선의 교육과 노파심-정법의 교육

북에는 조주(趙州), 남에는 설봉(雪峰)이라고 할 정도로 조주종심(趙州從諗, 778~897)과 설봉의존(雪峰義存, 822~908)은 당말 중국 선종을 대표하는 선승이다. 특히 설봉 선사의 문하에 1,700여 명에 달하는 선승이 운집하였다는 것을 보면, 설봉이 훌륭한 스승의 인격과 뛰어난 선의 교육자였다는 사실을 알 수 있다.

『조당집』 제7권에 의하면 설봉은 다음과 같은 원력을 세우고 있다.

나는 네거리에 선원을 지어 대중을 여법하게 공양하리. 만약 수행승이 길을 떠나면 나는 걸망을 메고 주장자를 들어 문 밖에까지 나가 전송하고, 그가 몇 걸음 가면 그 수행승의 이름을 불러, 그가 고개를 돌려 쳐다보면 "길에서 조심하시오[途中善爲]!"라고 말하리라!

설봉 선사의 제자 교육은 자애심으로 이끌고 있었음을 알 수 있다. 설봉의 문하에 많은 제자들이 모였다고 하는 것은 설봉 선사의 따뜻한 인간애와 뛰어난 선승(禪僧)으로서의 안목과 교육자 정신이 있었기 때문이다.

그런데 선의 교육에서 항상 주의를 하고 있는 말은 정법에 대한 교육 정신이다.

『임제록』에 "법을 잘못 설한 사람은 눈썹이 빠지는 벌칙을 받는다."라는 말이 있는데, 이것은 당시 선원에서 일반적으로 유행하고 있는 속신(俗信)이며, 눈썹[眉毛]과 콧구멍[鼻孔]은 본래면목(本來面目)을 상징한다. 선의 어록에 제자의 지나친 교육을 경책하는 말로 눈썹이 다 빠졌다고 하고 있다. 예를 들면 『조당집』 제10권, 「취암(翠嚴)선사전」에 다음과 같은 일단이 보인다.

선사가 어느 날 법당에서 설법했다. "30년 동안 하루도 여러분들과 더불어 담론하고 설법하며 대화를 하지 않은 적이 없었다. 보라! 나의 눈썹이 몇 개나 남아 있는

지!" 그러자 대중은 말이 없었다.

이 일절은 『벽암록』 제8칙, 『종용록』 제71칙에도 전하는데, 제자들에게 불법을 너무 많이 설법하다 보니 눈썹[眉毛; 본래면목]이 모두 다 빠졌다고 말한 것이다. 제자들을 위해 헌신하고 있는 선승의 노파심을 읽어 볼 수 있는 말인데, 또 다른 한편으로는 지나친 노파심으로 그릇된 제자 교육이 될까봐 경책하는 자성의 비판이기도 하다. 잘못된 제자 교육은 인간을 못쓰게 만드는 위험성이 있다. 선에서는 이것을 교괴(敎壞)라는 말로 표현한다.

예를 들면, 『벽암록』 제8칙의 게송에 취암(翠巖) 선사의 눈썹 빠진 설법에 대하여 "취암 선사가 제자들에게 설법했다. 이 늙은 도적이 남의 아들딸들을 잘못 가르쳐서 못쓸 인간으로 만들었다[敎壞]!"라고 읊고 있다.

『대혜서(大慧書. 書狀)』에서도 "언충(彦沖)이 묵조사선(默照邪禪)을 주장하는 선승들의 잘못된 가르침을 받아 못쓸 인간[敎壞]이 되었다."라고 말한 것처럼, 교괴(敎壞)는 잘못된 교육과 지도 방법으로 못쓸 사람으로 만들어 버린 것을 말한다.

또한 지나친 제자 교육은 과잉 서비스로 스스로 자립할 수 없는 사람으로 만들어 올바른 선의 교육이 되지 못한 것을 경책하고 있는 말이다.

지나친 제자 교육을 『원오심요(圜悟心要)』 상권에서는 "진흙 덩어리를 가지고 노는 녀석"이라고 질타하고 있다. 『논어』에서 "지나친 것은 미치지 못한 것과 같다[過猶不及]."라고 말하는 것처럼, 과잉 교육은 인간을 못쓰게 만드는 것이다. 그래서 선의 어록에는 제자가 스스로 자각하여 깨닫도록 냉정하게 지도하는 엄격한 스승의 교육 정신을 볼 수 있다.

『전등록』 제11권, 「향엄지한(香嚴智閑)선사전」에는 다음과 같은 이야기가 전한다.

향엄지한은 위산영우(潙山靈祐) 선사의 문하에서 수학하고 있었다. 위산은 향엄이 법기(法器)인 줄 알고, 그를 개발시키기 위해 어느 날 다음과 같이 말했다.

"나는 그대가 평생 배워서 알고 있는 견해와 경전이나 책에서 배워 기억하고 있는 것을 묻지 않는다. 그대가 아직 부모(父母)라는 분별심이 일어나기 이전[父母未生以前], 동서(東西)를 분간하기 이전의 본분사와 그대 본래면목(本來面目)을 말해 보라. 그러면 나는 그대에게 인가를 내리겠다!"

향엄지한은 어리둥절하여 대답을 못하다가 오랜 생각 끝에 몇 마디의 견해를 말했으나 위산이 모두 허락하지 않았다. 그래서 향엄은 위산 선사에게 나아가 "스님! 저를 위해 한마디만 일러 주십시오."라고 간청했다. 이

때 위산 선사는 "내가 설하는 것은 나의 견해이다. 자네가 깨달음을 체득하는 데 아무런 도움이 되지 않는다!"라고 나무라며 냉정하게 돌려보냈다.

향엄은 자기 방으로 돌아가서 지금까지 수집해 놓은 제방 선지식의 말씀과 경전의 법문들을 살펴보았으나 한 마디도 대답할 만한 힘을 찾지 못했다. 그래서 향엄은 "그림의 떡으로는 배고픔을 면할 수가 없다."라고 한탄하고 이를 모두 불태워 버렸다. 그리고는 "나는 금생에 불법을 배울 것을 포기하자. 한 사람의 평범한 수행자로 살면서 이제부터 힘든 구도 생활에서 벗어나 편안한 마음으로 살리라!"라고 결심하고 울면서 위산 선사의 문하를 떠났다.

향엄은 뒤에 남양혜충(南陽慧忠) 국사가 살던 옛 토굴에 머물며 한가히 지냈다. 어느 날 잡초를 제거하는 청소를 하다가 기와 조각을 던진 것이 대나무에 부딪치는 소리를 듣고 깨달았다[聞聲悟道]. 그때 자기도 모르게 미소를 지었다. 그리고 급히 돌아와 목욕을 하고 위산을 향해 절을 하면서 말했다. "화상의 대비(大悲)하신 은혜는 부모의 은혜보다 높습니다. 그 당시에 위산 선사가 만일 나를 위해 한 마디 일러 주셨더라면 어찌 오늘 내가 이렇게 통쾌한 깨달음을 체득할 수가 있었겠습니까?"라고 말하며 위산을 향해 수없이 절을 했다.

이와 같은 스승과 제자와의 구법 이야기는 선의 어록에 많이 전한다. 예를 들면 『조당집』 제4권, 「석두(石頭)선사전」에 청원행사(靑原行思, 671~738)와 석두희천(石頭希遷, 700~790)의 선문답이나, 『조당집』 제4권, 「약산유엄전(藥山惟嚴傳)」에 약산(藥山, 744~827)과 이고(李翶)와의 대화 등에도 전한다. 『조당집』 제6권, 「동산(洞山)선사전」에 다음과 같이 전한다.

어떤 수행승이 동산 선사에게 "선사는 남전(南泉) 선사를 친견하여 깨달음을 체득했는데, 어째서 운암(雲巖) 선사의 제사를 올립니까?"라고 질문했다.
동산 선사는 "나는 운암 선사의 도덕이나 그의 불법을 귀중하게 여기지 않는다. 다만 운암 선사가 나에게 자세하게 설법해 주지 않은 점을 귀중하게 여긴다[我不重他雲巖道德 亦不爲佛法. 只重他不爲我說破]."라고 답했다.

동산양개(洞山良价, 807~869)가 스승 운암담성(雲巖曇晟, 780~841) 선사를 찾아가서 "백 년 후에 어떤 사람이 화상의 진상(眞相; 法身)을 그릴 수가 있는가 하고 질문한다면, 뭐라고 대답해야 할까요?"라고 질문했을 때, 운암(雲巖) 선사는 "단지 지금 여기서 자기 본분사의 일을 하는 노인[只這是漢]."이라고 대답했다. 당시 동산은 이 한 마디의 법문을 화두로 참구하여 행각수행을 하다가 강물을 건너다가 강물에 비친 자신의 모습을 보고 깨달아 오도송을 읊게 된다. 그래서 스승이 나에게 자세히 설해 주지 않은 엄격한 교육의 정신을 소중하게 여긴다고 토로하고 있다.

다시 말하면, 스승이 제시한 문제는 뭔가 약간 부족한 교육과 지도법이다. 한 마디[一句]의 말로 제자가 정법의 안목으로 참구하고 사유하며 자각적인 깨달음의 경지를 체득하게 하는 선의 교육 정신을 살펴볼 수가 있다.

『마조어록』에 방(龐) 거사가 "만법(萬法)과 짝(벗)을 삼지 않는 사람은 누구입니까?"라고 질문하니, 마조는 "그대가 한 입에 서강의 강물[西江水]을 모두 삼킬 때에 말해 주겠다."라고 대답한다. 만법과 짝(벗)을 삼지 않는 사람이 누구인지, 질문자가 직접 깨달아 체득하고 확인하도록 문제를 질문자에게 되돌리는 선의 교육은 자각적인 종교의 본질을 그대로 설한다.

선문답과 과잉 교육의 문제

중국의 선은 현실의 인간을 무조건 절대 긍정한다.

선승들이 많이 사용하는 부정적인 표현은 사실 일체의 모든 조건이 개별적인 한정을 설정해 두지 않는 입장이다. 즉, 인간 본래의 진여청정과 제불여래의 지혜와 덕성을 구족한 완전성을 찬탄하기 위한 것이며, 인간 자유의 가장 활동적인 표현인 것이다.

주장자로 후려치거나 큰 소리로 일갈(一喝)을 하는 것도 본래 인간에게는 아무런 결점이 없다는 사실을 단적으로 나타내는 불성의 전체 작용이며, 적극적인 지금 여기, 자기 본분사의 일이라고 할 수 있다.

중국 선승들은 제자들의 의문과 문제 제기에 대한 많은 대화를 나누고 있다. 이러한 사제지간[師弟間]의 구도적인 대화를 선문답(禪問答)이라고 한다. 이것은 스승이 제자를 깨달음의 세계로 인도하고, 정법의 안목을 체득하도록 직접 지시한 친절한 법문이라고 할 수 있다.

선문답은 항상 스승이 제자가 질문으로 설정하여 제기하는 전제 조건을 제거해 버리고, 제자가 절대 무조건의 깨달음의 세계로 되돌아가도록 한다. 선문답은 대개 일문(一問) 일답(一答)으로 끝나는데, 그 이상의 설명은 항상 과잉 교육(서비스)이 되고 말기 때문이다. 즉 당초의 문제 제기에서 일탈되어 버릴 경우가 많기 때문이다. 그래서 진여일심의 지혜로 질문하고 대답하는 선문답을 선기(禪機)의 대화라고 한다. 자아의식의 중생심으로 자기와 남을 분별하는 망심이 개입할 여지가 없기 때문이다.

중국인들은 세간에서 뛰어난 재주로 대화하는 것을 기지(機智)의 대화라고 하는데, 기지의 대화는 뛰어난 능력을 가진 사람이 자신의 재주와 기지를 발휘하여 상대방의 입을 차단하고 승복하게 만드는 것이다. 따라서 자신과 타인을 구별하고, 남의 주장과 의견을 이기고, 자신의 입장이 올바른 것임을 내세우려는 승부심이 작용하는 대화이다.

그러나 선문답은 자신과 타인을 구별하는 차별심이나 남을 이기려는 승부심도 없고, 진여일심의 지혜로 정법의 안목과 방편의 지혜를 실행할 수 있는 능력을 개발하게 하는 법문이다.

선문답에 많이 보이는, 최후에 내놓는 결정적인 수단은 화타(話墮)이다. 이 말은 '지금 여기의 일이 바로 진여본심의 지혜'라는 사실이다. 당초의 일문(一問) 일답(一答)에 실로 모든 문제와 해답의 진실이 포용되어 있기 때문이다. 여기서 말하는 당초란 본래의 의미이며 그것은 바로 지금, 현재의 자기 본래면목이 지혜로 작용하는 본분사를 말한다. 선은 본래면목의 지혜로 선문답을 하는 일이기 때문이며, 지금 여기, 자기 본래면목의 지혜가 본분사이다.

인간의 말을 갈등(葛藤)이라고 하는 것도 일단 말이 입에서 나오게 되면 반드시 가지와 잎[枝葉]에서 부작용이 생기기 때문이다. 또한 임제 선사가 말한 '인혹(人惑)'도 이와 같은 의미로서 과잉 교육을 비판하는 말이다. 『이입사행론(二入四行論)』에서 연(緣) 법사가 지적하고 있는 중생심의 교위(巧僞), 작위(作爲)라는 말도 같은 뜻이다. 말하자면 언어(말)의 인플레이션(inflation)이다.

『마조어록』이나 당대의 선어록에서 선승들이 설법하고 난 뒤에 "나의 말을 기억하지 말라[莫記吾語]."라고 항상 제자들에게 주의를 주는 것처럼, 대화란 일회에 한하여 의미를 갖는 것이다. 상대방에게 자기의 의사(뜻)가 전달되면 용무는 끝나는 것이다. 그 말을 추상(抽象)하거나 특별하게 교조(敎條)로 간주할 필요는 없다.

임제가 "그러한 헛된 일은 마치 화가가 허공에 여러 가지의 그림을 그리어 사람들께 보이려고 하는 일과 같이 허망한 것"이라고 말한 것처럼, 일체의 언설과 방편의 법문도 모두 실체가 없는 것이다.

이 말은 원래 『능가경』에서 설한 비유인데, 본래는 자유롭게 법을 설하는 것이다. 정법을 아무리 많이 설한다고 할지라도 자아의식으로 자신의 주장과 의견을 한 글자도 설하지 않았다고 하는 '일자불설(一字不說)'의 의미인 것이다. 『금강경』에서는 제불여래의 설법이 "자아의식을 텅 비운 진여본심의 지혜로 설법한 것[無法可說]"이라고 했다.

선에서는 '불립문자(不立文字)'라는 말을 자주 언급하는데, 처음부터 일체의 언어문자를 부정하고 사용하지 않는 것이 아니라, 언어나 문자를 무한히 사용하면서도 그 어느 한 마디나 한 구절에도 자기의 주관적인 사고의 주장과 집착이 없다는 의미이다.

인간이 생각하는 사고나 모든 의식은 언어로 구성되어 있기 때문에 언어문자를 떠나서 어떠한 사유나 일도 할 수가 없다.

그것은 인간의 일체 모든 생활이 시절인연에 따른 한 때와 그 한 장소에서 일기일회(一期一會)로 이루어진 절대성에 빛나는 점을 말한 것이다.

이와 반대로, 어느 한 순간 어느 한 곳에 우리들의 마음이 머무르고 집착하거나 분별한다면 비록 그 대상이 부처거나 조사, 깨달음의 경지인 불경계(佛境界)이거나 일구의 법문이라고 할지라도 일체의 모든 대상경계에 집착하는 마구니[魔]가 되며, 속박과 집착의 대상이 되고 만다.

그래서 『전등록』 제14권에 덕성(德誠) 선사는 "일구의 합당한 법문이라도 그 말에 집착하면 만겁 동안 당나귀가 말뚝에 묶여 있는 것과 같다[一句合頭語 萬劫繫驢橛]."라고 설했다.

『능가경』에서 부처님이 49년간 자아의식과 자신의 주장을 한 글자도 설하지 않았다고 하는 '일자불설(一字不說)'이 선종에서 강조하는 불립문자(不立文字), 교외별전(敎外別傳)의 정신을 후원하는 의미로 많이 사용되는 것처럼, 선에서는 제불여래의 모든 법문을 응병여약(應病與藥)으로 본다.

달마의 『이입사행론』에서는 "일체 대승의 가르침은

중생의 심병[病]에 대한 방편치료(처방전)이다."라고 설한다. 아무리 좋은 양약일지라도 병이 없는 사람에게는 필요 없는 것이다. 운문(雲門) 선사의 법문에도 "좋은 일[好事]도 없는 것만 못하다[好事不如無]."라는 말이 있는데, 이 말은 임제가 "매사에 무사한 이 사람이 바로 귀인[無事是貴人]"이라고 설한 법문과 같은 뜻이다.

중생의 심병에 대하여 임시방편의 처방약으로 제시한 방편법문은 건화문(建化門)이며, 불사문(佛事門)인 것이지 불법(佛法) 그 자체의 지혜생명은 아니다. 임제 선사의 말처럼, 일체의 대상경계의 사물에도 걸림이 없고 집착하지 않는 무위진인(無位眞人)은 사람들에게 인혹(人惑)을 받지 않는 일이 제일이다. 인혹은 지나친 과잉 교육을 받은 중생의 심병(心病)이자 선병(禪病)을 말한다.

『임제어록』에 스승 황벽 선사가 임제에게 30방망이[棒]를 때렸다는 말을 들은 대우(大愚)는 "황벽은 노파심(老婆心)으로 자네를 위하여 그렇게 간절히 지도했다!"라고 평한다. 대우의 이 말도 또한 노파심이지만, 지나친 과잉 교육을 비판하고 있는 점은 똑같다.

중국불교는, 조사선의 교육 정신에서 알 수 있는 것처럼, 단순히 스승이 제자를 지도하고 가르치는 일반적인 교육의 차원을 넘어 자각적인 제자 교육으로 이끌고 있다. 그것은 선불교가 어떠한 측면으로 볼지라도 신이나 남이 구제(救濟)해 주는 종교가 아니라 스스로 깨닫고 지혜를 체득하는 자각(自覺)의 종교라는 사실을 의미한다. 남의 말에 의존하여 깨달음을 체득하려고 하면 결국 자기 자신을 스스로 구제할 수 없다.

선은 자기 스스로 자각하여 자기 자신을 구제하지 않으면 안 된다. 그 어떤 누구라도 자기 자신을 구제해 줄 부처[佛]나 신(神), 혹은 어떤 스승이나 특별한 사람이 있는 것이 아니다.

따라서 제불여래가 설한 경전의 법문이나 선승의 지도는 어디까지나 깨달음의 길을 안내하는 것이며, 환자의 병을 진단하여 올바른 처방을 내려 주는 역할을 할 뿐이다.

제불여래나 스승이 제시한 올바른 방편법문 길을 직접 독립(獨立) 주행(周行)하는 사람은 자기 자신이며, 의사의 처방에 따라 약을 먹고 병을 치료하는 적극적인 의지와 행동을 보이는 것도 결국 환자 자신이다.

그래서 『동산어록』이나 당대(唐代)의 선불교에서는 "훌륭한 의사는 팔짱만 끼고 앉아 있을 뿐이다[良醫拱手]."라고 설한다. 길을 안내하는 사람과 길을 가는 사람의 역할이 다르듯이, 환자의 심병을 올바르게 진찰하고 치료해 주는 의사의 역할과, 약을 먹고 심병을 극복하는 환자의 역할은 엄연히 다른 것이다. 지나친 과잉 서비스는 오히려 환자의 의지와 정신을 약화시켜 또 다른 병자로 만들 우려가 있다.

그래서 훌륭한 의사는 팔짱만 끼고 환자를 지켜보는 것이라고 말했다. 환자의 적극적인 투병 정신과 완쾌를 위한 원력과 의지, 수행과 노력으로 스스로 자기의 병을 극복하고 완치할 수가 있다는 사실을 말한 것이다.

8

선의 수행과 실천

선불교의 실천 구조

불법의 근본 대의를 깨닫고 정법의 안목을 구족해야 중생심의 번뇌 망념을 진단하고 방편의 지혜로 치료할 수가 있다. 따라서 선불교의 수행과 실천이란 정법의 안목으로 마음속의 번뇌 망념을 자각하는 발심수행과 본래의 진여본심을 회복하여 생사윤회에서 해탈하는 구도행이다. 선(禪)의 수행과 깨달음의 체험으로 불법의 사상을 자기화하고 생활의 지혜로 실행하는 것이다. 따라서 선의 실천과 수행은 선불교의 기본이며 본질이라고 할 수가 있다.

그런데 선의 실천과 수행이라고 해서 불교 이외에 달

리 선의 실천과 수행이 있는 것도 아니다. 그것은 불교의 실천과 수행이 바로 선이기 때문이다. 선불교는 이러한 불교의 실천 정신을 선의 수행으로 재정립하고 진여일심으로 통섭(統攝)한 것이라고 할 수 있다.

일반적으로 자각의 종교인 불교의 실천수행 구조를 『대승기신론』에서는 신성취발심(信成就發心), 해행발심(解行發心), 증발심(證發心)으로 설하는데, 즉 신(信), 해(解), 행(行), 증(證)으로 체계 있게 제시하고 있다. 어기서 말하는 신심[信]이란 일신교(一神敎)에서 주장하는 유일신을 믿도록 하는 것이 아니라, 본래 구족한 진여본성과 제불여래의 방편법문과 실천수행 방법 등을 철저하게 확신하는 것이다. 일체 중생도 각자 불성을 구족하고 있다는 사실을 확신하고 있기에 필경 성불할 수 있다는 신심을 확립하는 일이다.

달마의 『이입사행론(二入四行論)』에서는 일체 중생이 범부나 성인이나 모두 동일한 진여자성을 구족하고 있음을 확실하게 믿을 것[深信]을 강조하고 있다. 심신(深信)은 『유마경』, 『관무량수경』, 『대승기신론』 등에서 불교의 실천적인 입장에서 중요한 과제로 제시하는 말이다.

『이입사행론』에서 선불교의 참된 수행과 실천은 범부나 성인이 모두 동일한 진성(眞性)을 구족하고 있다는 사실을 확실하게 믿는 일이며, 이것이 선불교에서 말하는 선의 종지(宗旨)이다. 선불교의 실천은 깊고 올바른 신심(信心)을 확고히 하는 수행이다.

『대승기신론』에서는 불법의 가르침을 신성취발심, 해행발심, 증발심으로 제시하여 신심수행과 방편수행으로 깨달아 제불여래의 지혜를 체득하도록 수행체계를 설명하고 있다. 사실 불법을 배우는 것은 불법사상을 알고 불법의 지혜를 수행하여 깨달아 체득하여 자신의 종교를 확립하여 지혜생명으로 실행하기 위한 것이다.

불교의 신심은 반드시 불교의 올바른 이해[解]와 실천[行], 그리고 깨달음[證]으로 이어지는 바탕이 되며 자기의 종교적인 삶의 근본이 되고 출발점이 된다. 그래서 『화엄경』「현수품」에 "신심은 도(道)의 근원이며 일체의 공덕을 이루는 모체[信爲道元功德母]"라고 강조하고 있으며, 『대지도론』권1에서 "불법의 대해(大海)는 신심[信]으로써 능히 들어갈 수 있으며, 지혜로써 능히 건너갈 수 있다."라고 설한다.

그리고 해(解)는 경전에서 제불여래가 설한 불법의 대의와 사상, 실천수행 방법 등의 올바른 이해이며, 이러한 확실한 신심과 실천 방법을 토대로 한 여법한 수행이다. 불교에서 설하는 제법실상의 세계, 깨달음의 경지를 수행자들이 체득하기 위한 직접적인 참선수행을 말한다. 진리에 대한 철저한 믿음과 그 진리의 세계로 가는 올바른 길을 확실히 알게 될 때 우리는 더 이상 머뭇거리거나 주저하지 않고 곧바로 자기의 갈 길을 향해 여법하게 수행해 갈 수가 있는 것이다.

선불교에서 말하는 수행은 각자가 직접 오로지 참선수행을 하는 일이며, 진여 일심의 지혜로 여법하고 여실하게 일행삼매(一行三昧)로 실참하는 수행이다. 선불교의 참선수행은 진여일심의 지혜로 참구하는 것이기에 진여삼매(眞如三昧)라고도 하며, 혹은 각자의 몸으로 수행하는 것이기에 임제 선사는 수행사가 직접 몸으로 체험하고 수행연마[體究研磨]해야 한다고 강조한다.

이러한 일행삼매의 참선수행과 깨달음의 직접적인 체험을 통하여 제불여래와 조사들이 설한 불법의 가르침을 자각하여 제불의 설법을 직접 진여의 지혜로 확인하고 더 이상 추호의 의심도 없는 확신을 갖게 된 것을 깨달음[證]이라고 한다.

깨달음은 지금까지 경전이나 조사의 어록을 통해서 알고 있던 지식적인 불교의 이해와 한계성을 각자 진여본성을 깨달아 회복함으로써 불법(진여법)의 진실을 확인하고, 확신을 체득함으로써 진여일심의 지혜로 자기 본분사의 생활종교를 실행할 수가 있다. 즉 제불의 설법에 의거하여 본래면목의 지혜로 불법사상을 자기화하며, 혈육화(血肉化)하고 생활화하는 수행을 의미한다.

따라서 불교의 깨달음은 관념적인 이해나 사고로 이

루어지는 것이 아니라, 철저한 자기 확신으로 불법의 사상이 자기의 인격과 일상적인 생활에서 구체적으로 승화되고 전개되어야 한다. 즉, 불법에 의거한 지혜로운 일상생활이 자기 본분사로 실행되도록 해야 한다.

일본의 도겐(道元, 1201~1253) 선사는 다음과 같은 유명한 법문을 설했다.

불도(佛道)를 수행하는 일은 자기를 수행하는 일이며, 자기를 수행한다는 것은 자기를 무아(無我)로 하는 것이다. 자기를 무아로 하는 것은 자기가 만법(萬法)으로 실증(實證)되는 것이며, 자기가 만법으로 실증된다는 것은 자기의 신심(身心) 및 타인의 신심까지도 모두 함께 의식의 대상경계에서 탈락(脫落)해 버리는 것이다. 이렇게 수행할 때 깨달음의 자취도 없어지며 그 없어진 깨달음의 자취로 오래오래 나아가도록 하는 것이다.

이처럼 선불교는 불법의 진리에 대한 관념론이나 인식론에서 주장된 것이 아니라, 우리들 각자가 수행과 실천을 통한 체험으로 진여본심을 깨닫고 자각하여 생활의 체험과 방편지혜로 자신의 삶을 창조하는 일이다. 실천수행이란 몸과 마음이 일체가 되어 불법 사상을 지혜로운 삶으로 심화(深化)하는 일이며, 청정한 마음으로 무심하게 자신의 생활에서 실행되도록 하는 것이다.

선수행의 구조

참선수행은 정법의 안목으로 마음속의 번뇌 망념을 자각하고 방편의 지혜로 치료하는 일이기 때문에 지극히 정신적인 자기 수행이라고 할 수 있다.

인간 사회 문명의 형태에서 벗어나, 자기 자신의 마음속에서 방편지혜로 자신을 철저히 다스리며, 창조적인 삶을 건립하는 마음수행이라고도 할 수가 있다. 그런데 형체가 없는 마음과 정신적인 마음수행과 자기 훈련의 문제이기 때문에 도리어 매일 매일의 구체적인 생활의 형체를 벗어날 수 없다는 사실을 잊어서는 안 된다.

조사선의 참선수행은 좌선과 선문답이 기본이다. 좌선을 통해 자기 마음의 작용을 정법의 안목으로 관찰하고 조명해 보고 정법의 안목으로 자문자답하는 선문답을 하며, 정법의 지혜를 탐구하고 불법사상을 심화하는 일이다.

좌선은 중생심의 번뇌 망념을 텅 비우는 일[空]과 진여본심의 지혜를 탐구하고 사유하며 심화하는 일[不空]이다. 정법을 바로 볼 수 있는 안목을 구족한 수행자는 수많은 방편지혜를 창조하고 건립하여 제불여래의 지혜로 설법할 수 있는 능력을 구족해야 하는 것이다. 좌선수행은 진여본심의 지혜로 '지금 여기', 시절인연에 따른 자기 본분사의 생활을 실행하는 일이며, 간경·간화의 공부는 시간과 공간을 초월하여 제불여래·조사들과 진실한 선문답의 대화를 나누는 일이다.

좌선은 신체적인 본분사의 수행이고, 선문답은 방편적인 언어를 통해서 지혜의 대화를 나누는 구체적인 수행이라고 할 수가 있다. 원래 인간 존재의 궁극적인 최후 조건을 추궁해 볼 때, 신체와 언어의 문제에 봉착하는데, 선의 수행은 이러한 인간의 본질적인 문제를 선의 실천수행으로 실천하는 것이다.

선수행의 기본적인 구조를 대략 다음과 같이 다섯 가지로 나누어서 살펴볼 수가 있다.

● 실천행의 규범 준수
: 계율, 청규(淸規), 좌선법 등

선수행의 의미는 각자가 일체 만법의 근원인 불성을 자각하고 중생심의 번뇌 망념과 차별심, 분별심, 어떤 고정관념과 언어 개념의 형식에서 벗어나 무애자재한 반야 지혜를 깨달아 체득하는 일이다. 중생은 자아의식에 속박되어 자유를 상실하고 있기 때문에 선의 수행은 중생심을 텅 비우고 진여본심을 깨달아 진정한 인간의 자유와 주체성의 확립하도록 강조한다. 그러나 선의 수행은 결코 자의적이거나 방종적인 자유를 허용하지 않는다.

선원의 수행은 여법하고 여실하게 참선수행을 하도록 일정한 수행체계와 행동규범을 엄격하게 준수할 것을 강조한다.

실천적 행위의 규범으로는 첫째로, 불교 정신에 따른 출가교단에는 수행자의 행지 규범인 계율이 있고, 선원에는 선원청규(禪苑淸規)가 있다. 그리고 좌선수행에는 좌선법이 있다. 훌륭한 스승의 문하에 참선수행자로 입문하게 되면, 엄격한 선원의 수행생활에서 실행해야 하는 참선지도와 편달을 받아야 하고, 선원의 기본적인 생활규범[淸規]과 수행법을 준수해야 한다.

종교 수행의 출발점이 선각자의 체험으로 제시한 설법과 법문인데, 제불여래와 조사의 법문을 신뢰[信]하고 올바른 참선수행으로 그러한 사실을 깨달아 추체험(追體驗)하여 확인하고 확신을 체득해야 한다.

불법의 지혜와 안목을 체득하여 자기의 구체적인 일상생활에서 방편지혜로 자신의 삶을 건립하며, 지혜와 인격으로 보살도를 실행하는 본분사의 수행이기에 똑같이 일정한 수행규범을 엄수해야 한다.

선원의 수행 구조는 마치 화살이 목표의 과녁을 향해 겨냥하는 것처럼, 누구나가 한결같이 똑같은 방법과 행동으로 수행의 목적지인 성불이라는 과녁에 맞추도록 똑같은 방향과 방법을 제시하고 있다. 출발점과 성불이라는 과녁에서 조금이라도 빗나가게 되면, 불법이 아닌 외도로 전락하는 것이기에 참선수행으로는 의미 없는 일이 되고 만다. 선수행자가 한결같이 여법하고 여실하게 진여본심으로 발심하고, 참선수행을 해야 화살이 목표물인 과녁에 적중하게 되는 것과 같다.

이러한 참선수행자가 선원의 규범을 준수하고 여법한 참선수행을 하려면, 먼저 올바른 스승(선지식)의 문하에 들어가 여법한 좌선과 수행의 지도를 받으며 자기 자신을 텅 비우는 수행부터 실천하지 않으면 안 된다.

선불교에서는 이러한 수행 구조를 법문(法門), 관문(關門), 무문(無門), 입문(入門), 입격출격(入格出格) 등으로 표현한다.

훌륭한 스승을 찾아가 문하에 들어가 스승의 지시와 가르침에 따라 수행하는 것을 입문이라고 하며, 불법을 깨달아 진여법계를 체득하는 것을 법문이라고 한다. 또 진여법계의 문과 열반의 문을 깨달음의 체험으로 반드시 통과해야 하는 관문(關門)이라고 설한다.

『조당집』 제5권 운암(雲巖) 선사는 "중생심의 육근(六根)의 문을 통해서 들어온 것은 참된 보물이 아니다."라는 설법을 했다. 이 말은 『벽암록』 제5칙에 "종문입자 불시가진(從門入者 不是家珍)"이란 말로 설하고 있는데, 마음 밖의 외부에서 들어온 것은 어떤 보물이거나 언어문자, 사상, 법문, 해탈, 열반, 깨달음 등 아름다운 말이라고 할지라도 자기의 보물이나 지혜로운 살림살이가 될 수 없다. 인연 따라 배우고 익힌 것은 결국 인연이 다하면 나가고 없어지게 마련이다. 진실한 무진장(無盡藏)의 무가보(無價寶)는 자기의 불성(佛性)에 구족된 무진장의 지혜 보배이다. 참선수행으로 불성을 깨닫고 진정한 보배를 체득하도록 하라는 법문인데, 이러한 참선수행을 무문(無門), 혹은 무문관(無門關)이라고 한다.

『무문관』에서는 대도무문(大道無門)이라는 유명한 법문을 설한다. 사람이 고정된 문을 통과하도록 지시하면 대상경계를 추구하게 되고, 변견(偏見: 斷見)과 고정관념[常見]의 틀에서 벗어날 수가 없다. 대도는 고정된 문이 없는 관문을 통과해야 하는 수행이기에 무문을 관문으로 제시하고 있다. 자아의식의 중생심은 대상경계를 추구하지만, 진여 일심은 일체의 중생심을 텅 비운 경지, 본래의 근본에서 본분사의 일을 하고 있는 입장이기 때문에 일체의 시간과 공간이 진여의 지혜를 실행하는 향상일로(向上一路)의 열반문(涅槃門), 해탈문(解脫門), 불이문(不二門), 안락의 법문이 된다.

참선수행은 훌륭한 선지식과 선승의 지시에 따른 수행법을 이수하고 정법의 안목을 구족해야 무문(無門)의 관문을 통과할 수 있다. 선지식의 지도법을 따르는 수행구조를 입격(入格)이라고 하는데, 여기서 말하는 격(格)은 격식(格式), 기준으로 실천수행의 규칙이나 규범, 혹은 정해진 수행을 틀(형식)을 말한다. 규범과 규칙을 원칙으로 한 참선수행은 훌륭한 선승[正師]의 문하에 직접 참여하여 규범과 규칙에 따라서 여법하게 참선수행을 하는 일이 가장 중요하다.

모든 교육이나 기술, 예술의 배움에는 먼저 그 어떤 기준이 되는 격식에 자기의 모두를 투입시켜 온몸과 마음이 하나가 되어 체험하여 배우고 익히며, 숙달시켜야 한다. 즉 자기 마음대로의 자유와 방종을 모두 버리고, 비좁고, 불편하고, 부자유스러운 수행의 격식 속에 뛰어들어 그 격식과 규칙을 몸으로 익히고 배워야 한다. 처음에는 당연히 부자유스러운 그 규칙과 격식의 틀이 점차 몸에 익어서 자유롭고 편안하게 될 때, 격식에서 벗어나 자유롭게 된다. 이러한 경지를 출격(出格), 혹은 파격(破格)이라고 한다. 격식(格式) 속에서 진정한 자유를 체득한 사람을 임제 선사는 "출격견해인(出格見解人)"이라고 하며, 『원오심요』에서는 "출격대도인(出格大道人)"이라고 했다.

선에 있어서의 자유는 이러한 기본적인 수행규범을 익히고 몸에 푹 배게 하여 그것을 자유자재로 사용하고 활용하며, 자신의 평범한 일상생활이 되었을 때 비로소 무애(無碍) 자재하게 진여법계에 유희(遊戱)할 수가 있다.

사실 이러한 출격대도인의 경지는 수행의 규범이나 법규가 있어도 없는 것처럼 되어 버린 것으로, 이로써 임운자재(任運自在), 활달자재(闊達自在), 해탈자유인으로 살 수가 있는 것이다.

● 선수행의 간결성과 단순성
: 일행삼매

선수행은 무엇보다도 간결하고 단순한 실천행이 되지 않으면 실행하기 어렵다. 그래서 선수행은 일행삼매(一行三昧)의 참선수행이 강조되고 있다. 단순한 참선수행은 진여지혜로 좌선하는 한 가지 수행[一行]으로 실천한다는 점에서 다른 종파불교의 전 사상과 정신을 포용하고 응집한 수행이다. 그것은 단순히 진여일심의 좌선수행이지만 불법의 대의와 현지(玄旨)를 진여법신의 방편지혜로 전향시키는 질적 심화를 이루는 본분사의 좌선수행이다.

즉 진여일심으로 한 가지의 수행[一行三昧]을 꾸준하게 정진해야 지혜의 견해가 깊어지고, 정법의 안목으로 훌륭한 방편법문도 제시할 수가 있다.

단순한 좌선 한 가지 실천수행[一行]이라고 해서 폭이 좁고, 단조로운 것이 아니다. 그것은 불법의 사상과 대의를 모두 진여일심으로 총섭(總攝)하고 충분히 깨달아 체득한 뒤에 부차적인 것은 모두 제쳐두고, 가장 본질적인 핵심만을 집약(集約)하여 본분사의 지혜로 실행하는 수행이다.

다시 말하면 단순한 일행(一行)의 좌선은 결국 불법의 대의와 반야 지혜를 지금 여기, 자기 본분사의 일로써 실행하는 수행이다. 좌선의 일행으로 일체의 모든 불법 정신을 자기화하는 가장 구체적인 수행이기 때문이다.

[* 좌선수행법에 대한 것은 송대 종색(宗賾) 선사가 지은 『좌선의(坐禪儀)』가 가장 잘 알려진 책이다. 좌선의 기본은 조신(調身), 조식(調息), 조심(調心)으로 신구의(身口意) 삼업(三業)이 청정한 수행법을 제시한다.]

이처럼 좌선수행의 기본적인 행위 그 자체는 지극히 간결하며 누구나 직접 좌선을 참구할 수가 있다. 좌선의 일행삼매를 선수행의 기본으로 하는 것은 단순함과 간결함이 복잡하게 일어나는 번뇌 망념이나 자아의 주관적인 사고를 텅 비우기 때문이다. 또 모든 신심[全身心]으로 체득하여 배우고 익히며 실천하는 수행을 해야 한다. 주관과 객관, 자기 자신과 주위의 경계와 구분을 모두 텅 비우고 없애 진여일심이 일체 만법을 포용하고 만법일여가 된 일항삼매의 경지는 이러한 좌선수행의 실천으로만 가능한 것이다.

사실 인간은 여러 가지 일을 하면서 살기는 쉬워도 단순한 한 가지 일에 몰입하여 그것을 지속적으로 수행하기란 상당히 어렵다. 그래서 일행삼매의 좌선을 수행이라고 한다. 과학자가 연구와 실험에 몰두하는 것이나, 예술가가 창작활동에 전념 몰두하는 것도 일종의 수행이라고 할 수 있지만, 대상경계의 사물이나 형상의 물질, 언어문자 등의 개념에 몰입하는 것은 선의 수행과 차원을 달리 한다. 선은 일체의 자아의식과 의식의 대상경계를 초월하여 진여일심의 지혜로 사유하는 일행삼매, 진여삼매의 수행이다.

참선수행자가 정법으로 사유하며 좌선하는 일이나 경전과 어록을 참구하는 한 가지 일에 전력투구하는 것이 선수행이다. 이러한 좌선수행을 통해서 진여일심의 반야지혜가 체득되고 정법의 안목을 구족하며 방편의 지혜를 개발하게 된다.

아무리 사소한 일이나 행위일지라도 자신이 하는 일과 행위에 전심전력하여 주관과 객관이 끊어지고 대상이 끊어진 절대적인 진여일심의 지혜로 몰입하도록 하는 수행이 일행삼매이다.

선에서는 "한 가지 일[一事]을 절대(絶對)의 진여일심으로 실행한다."라고 말한다. 즉 한 가지 일에 진여일심의 지혜로 진실을 참구하는 수행이다.

또는 "낙엽 한 잎 한 잎에 맑은 바람이 일어난다[葉葉起淸風]."라고 하며, 혹은 "한 걸음 한 걸음에 맑고 신선한 바람이 일어난다[步步起淸風]."라고도 표현하는데, 이 말은 '대나무 잎 하나하나가 시원하고 신선한 바람을 일으킨다. 수행자의 한 마음 한 마음, 일념 일념, 한걸음 한걸음의 수행에 맑고 신선한 지혜생명의 바람[淸風]을 일으킨다.'는 의미이다.

즉 지금, 여기, 좌선수행을 하는 자기 본분사의 일에
는 진여본심의 청정한 지혜가 신선한 바람을 일으켜 만
물을 지혜의 생명으로 성장시킨다는 의미이다. 불성 전
체(全體)가 지혜로 작용하는 본분사의 일이 바로 좌선수
행의 공덕이다.

● 문자라는 매개에 의존하지 않는 체험
: 불립문자 교외별전

진여일심(眞如一心)의 법계는 각자의 깨달음을 통한
제불여래의 지혜로 알 수 있는 경지[唯佛能知]이지 언어
나 문자로 설하거나 보여 주고, 전달해 줄 수가 없다는
의미로 불립문자(不立文字)나 교외별전(敎外別傳)이라고
말한다. 이 말은 달마 대사가 전한 조사선의 정신을 강
조하는 선불교의 기본사상이다.

불립문자의 경지를 언어나 문자로 설할 수가 없는 언
전불급(言詮不及)이라고도 하며, 혹은 깨달음의 경지는
본인이 직접 물을 마셔 보고 스스로 알 수 있는 냉난자
지(冷暖自知)라고도 설한다. 즉, 불법은 자기의 몸으로 직
접 수행하여 체험을 통해서 각자가 깨달아 알아야 한
다는 말이다. 사실 선의 어록과 조사들의 법문집에는
이렇게 철저한 수행과 깨달음을 체험한 사실에 의거한

법문들을 기록하고 있다.

『임제어록』에서 임제(臨濟) 선사는 자기의 수행 생활과 경력을 돌이켜 회고하면서 다음과 같이 설하고 있다.

여러분! 출가 수행자는 먼저 도를 배우는 일이 무엇보다도 중요하다. 산승도 지난날 일찍이 율장 공부에 전심하기도 하고, 경전이나 논서의 연구에도 전력했다. 그러나 경율론(經律論) 삼장(三藏)이 모두 세상의 중생들을 구제하기 위한 처방약[藥]과 같은 것이며, 언어문자에 지나지 않는다는 사실을 알게 되었다. 그래서 단번에 경전을 뿌리치고 곧바로 선의 수행을 하게 되었다. 다행히도 훌륭한 스승과 도반들을 만나 비로소 도(道)의 안목을 분명히 할 수 있게 되어, 이제 천하 선사들의 견해를 바로 볼 수 있고, 그들의 견해가 옳고 그른지 판단할 수 있게 되었다. 그것은 어머니 배 속에서 태어나면서부터 곧 알 수 있게 된 것이 아니라, 자기 자신이 몸으로 참구하고 연마[體究研磨]하여 수없이 많은 참선수행을 반복한 뒤에 어느 날 갑자기 깨닫고 알게 된 것이다.

임제 선사가 설하는 체구연마(體究研磨)는 경(經)·율(律)·논(論)으로 기록된 언어문자에서 벗어나 각자가 직접 선수행을 통하여 불법을 깨닫게 된 사실을 의미한다.

이처럼 선의 본질은 언어문자의 경전이나 과학적인 지식, 대상으로 인식하거나 분석하는 판단에 의거하지 않고, 직접 체험적인 직관지(直觀智), 반야의 지혜로 판단하고 살아가도록 설한다. 직관지나 반야의 지혜는 임제가 제법의 진실을 여법하고 여실하게 볼 수 있는 정법안목(正法眼目)이며, 중생의 심병을 진단할 수 있는 진정한 견해[眞正見解]이다.

자아의식의 중생심은 대상경계의 사물에 대하여 상대적이고 분별적이며, 이원론적 인식이다. 따라서 중생심의 이원적인 분별사고에서 벗어나 진여본심의 지혜로 전체적이고 근원적이며 직관적인 지혜로 자기 본분사의 일을 실행하는 사람이 되도록 하라는 말이다.

직관적인 지혜는 우리들 각자의 불성에 구족되어 있으며, 선의 수행과 실천으로 발심수행과 깨달음으로 망념 속에 감추어져 있는 반야지혜를 개발하는 것이다.

인간의 이성(理性)적인 판단에 의거한 인식을 지식(知識)이라고 한다면, 좌선의 실천으로 체득한 진여본심의 직관(直觀)적인 지혜는 신심[信]에 의거한다. 이 둘은 똑같은 차원에서 서로 상대를 공격하는 관계가 아니다. 진여본심의 신심은 지식의 한계성을 보완하고 지식은 신심의 독단을 수정(修正)하는 것이다. 따라서 진여본심의 신심과 직관의 지혜는 불이일체로서 서로가 서로를 보완하는 기능을 한다.

선의 수행을 통한 깨달음은 사실 진실한 정법에 대한 의심 없는 철저한 확신이며, 확인이다. 그래서 신심은 지혜를 이루는 힘이라고 강조한다. 한편 신심은 맹목이기도 하다. 이러한 두 가지 뜻[兩義性]이 있다는 사실을 충분히 자각하고, 스스로 정법의 안목으로 확인하고 경계하지 않으면 안 된다. 그러나 체험으로 실행하는 반야의 직관지는 우리들의 구체적인 일상생활에서 방편지혜로 활용되고 있다. 선의 수행과 직접 체험은 이러한 진여본심을 확신하는 토대(기반)를 확립하는 일이라고 할 수 있다.

● 실천의 반복과 수행의 지속
: 체구연마(體究硏磨)와 연달자연(練達自然)

선수행은 좌선법, 선원의 생활 청규 등 수행의 규범과 격식에 의거하여 일행삼매의 수행을 반복하여 지속하는 단순한 구조이다.

따라서 단기간의 선수행도 깨달음의 체험을 경험할수는 있지만, 실제로 참선수행은 자신의 일상생활로 몸에 배일 때까지 일정 기간의 수행법을 익히며 지속할 필요가 있다. 수행의 지속이란 수행생활[行持]이 자신의 삶과 하나된 것으로 끊임없이 연속되는 것을 말한다. 즉 좌선이라는 단순한 실천수행을 반복하고 반복하여 계속 지속해 가는 생활이다. 마치 나사 모양으로 자신의 지혜와 인격을 구도의 향상심으로 나아가게 하는 것이 선수행의 기본이다.

출가나 재가를 막론하고 참선수행을 발심한 사람은 이러한 좌선을 지속해야 한다. 좌선수행의 반복과 끊임 없는 지속은 일상생활의 번거로움을 떨쳐 버리고, 중생 심의 잡다한 번뇌 망상까지 텅 비운 진여일심으로 사유 하고 참선 공부를 하는 일이기 때문에 지극히 단순화 된 본분사의 일이다.

또한 단순한 수행법을 반복적으로 실천하는 과정에 서 서서히 독자적인 본분사의 삶을 공덕행으로 회향하 며, 법희(法喜) 선열(禪悅)의 법락(法樂)으로 유희삼매의 경지를 이룬다.

수행자는 이러한 좌선수행법의 규범을 무조건 받아 들여 똑같은 일을 반복하는 수행에서 자아의식의 이론 적인 사고까지 제거하고 지속하도록 하는 것이 선수행 이며, 이렇게 단순한 일행삼매의 실천만이 언어나 문자 로 표현할 수가 없는 깨달음의 경지를 체득할 수 있도록 한다.

선불교뿐만 아니라 거의 모든 동양의 종교에서 제시 하는 수행의 길을 도(道)라고 말하는데, 그 도를 체득하 는 수행은 먼저 어떤 사상의 형식과 수행의 격식에 자 기를 집어넣는 일에서부터 출발한다. 일종의 신체적인 형식 조건을 규정하는 일은 계급사회, 즉 신분 계층을 구분하는 사회에서 인격의 바탕에 습관화된 행동과 특성을 배양하는 일과 같다.

『대지도론』 제67권에 "수행의 학습을 쌓아서 본성의 지혜작용을 이룬다[積習成性]."라는 말이 있는데, 규봉종밀(圭峰宗密, 780~841)도 이 말을 참선수행의 요체(要諦)로 강조하고 있다.

『서경(書經)』에도 "학습하여 본성[性]의 작용이 되도록 한다."라는 의미의 습성(習性)이란 말이 나오는데, 『논어』에서 말한 "학이시습(學而時習)"과 같은 뜻이라고 하겠다.

선수행도 좌선의 실천으로 습성화한 자기가 구체적인 일상생활에서 지혜와 인격을 본분사의 일로 실행될 수 있도록 하는 것이다. 선에서는 이러한 참선수행을 체구연마(體究硏磨), 숙달(熟達), 순숙(純熟)이라고 한다.

『장자(莊子)』에는 소를 잡는 백정(庖丁)이 칼로써 소를 잡는 일을 반복하는 훈련으로 자연의 경지에 도달하게 된 이야기와 곱추가 날아다니는 잠자리 잡는 일을 마치 땅에 있는 돌멩이를 줍는 것과 같이 자연스럽게 한다는 이야기로 전한다. 똑같은 일을 반복한 훈련과 숙달로 습성화된 경지가 조작 없는[無爲] 자연의 경지가 된 것을 연달자연(練達自然)이라고 한다.

인생은 반복된 좌선수행으로 익히는 수행처럼, 매일

똑같은 일상생활의 연속과 반복으로 숙달된 자기 모습(인격)이 형성되는 것이다.

생명 활동(삶)에 목적이 있을 수 없는 것처럼, 수행의 반복과 숙달에는 목적이 있을 수가 없다. 반복된 참선수행과 연습, 그 자체가 지금 여기, 자기 본분사의 지혜생명(삶)이다. 좌선수행이란 진정한 자기 자신의 지혜생명을 실행하는 삶의 증명이며, 존재 의미를 실현하는 자기 종교(宗敎)라고 할 수 있다. 침묵의 설법은 자신의 본심에서 울리는 법음(法音)으로 법계에 두루 한다.

● 수행(修行)의 어려움
: 제악막작(諸惡莫作)

선의 수행은 불법(진여법)을 각자 자신의 진여본심으로 여법하게 실천하는 것을 말한다. 따라서 선불교는 수행과 실천의 종교라고도 할 수 있으며, 수행과 실천을 동반하지 않는 수행이란 선의 수행이라고 말할 수가 없다.

정법(진여법)의 여법한 수행과 실천이란 어디까지나 인간 각자가 진여본심으로 수행해야 하는 일이기 때문에 개인적인 본분사의 일이다. 각자 정법의 법문을 청법(聽法)하고, 개개인이 각자 충분히 납득하고 신심(信心)을 확립하지 못한다면 발심수행을 할 수가 없다.

적어도 자아의 종교적인 신심과 실천수행은 불법, 진여법의 대의(大意)와 신심이 토대가 되어야 원력과 발심수행으로 본래면목을 깨달아 체득하는 법락(法樂)에 유희할 수가 있는 것이다. 많은 불교의 경전과 법문 가운데서도 선승들이 설한 어록이나 선시 등 송고(頌古)의 법문들은 모두 차원 높은 선사상을 제시한 것이기 때문에 이러한 어록을 이해하고 참선수행을 해야 한다.

그래서 참선수행은 일반 사람들이 참여하기 어렵고, 선승들의 법문은 이해하기도 어렵다고 말한다. 『법화경』에도 "불법을 깨달아 체득하기란 어렵다[佛法難逢]."라고 설하며, 그것을 "눈먼 거북이 바다에서 구멍 뚫린 나무를 만나는 것[盲龜遇木]"에 비유하고 있다. 불법의 가르침을 설하는 인연을 만나는 일이 어려운 것이 아니라, 정법의 안목으로 발심수행하여 여법하게 불법을 깨달아 체득하기 어렵다는 뜻이다.

사실 선의 수행을 실행하기는 어렵다. 『조당집』 제3권, 「조과(鳥窠)화상전」에 조과 화상과 백낙천(白樂天)이 다음과 같이 대화한 사실이 전한다.

백사인(白舍人: 白樂天)이 조과 화상에게 질문했다. "하루 12시간을 어떻게 수행해야 도(道)와 상응할 수 있습니까?"

조과 화상이 대답했다. "모든 악행[惡]을 하지 말고, 모든 선행[善]을 받들어 실천하시오."

백사인(白舍人)이 말했다. "그것은 세 살 아이도 잘 알고 있는 말입니다."

조과 화상이 말했다. "세살 아이도 이 말을 알고 있지만, 팔순 노인이라도 이 말을 실행하기란 어려운 것이오."

이처럼 선의 수행과 실천이란 불교의 가르침이나 사상, 실천수행법을 지식으로 잘 알고 있는 것을 말하는 것이 아니다. 선불교는 불법의 대의를 깨닫고 정법의 안목을 구족하여 진여일심으로 여법하게 불법(진여법)의 지혜생명을 지금 여기, 시절인연에 따른 자기 본분사의 일에서 지혜와 자비의 공덕행을 일체 중생들에게 회향하는 종교이다. 자신의 지혜와 인격적인 생명을 실천수행하며 창조하고 생활화하는 삶이다. 불교의 가르침을 지식으로 잘 알고 있다고 해서 그렇게 실천수행하고, 또 그렇게 제불과 같이 지혜와 자비로 살고 있다고 생각하는 것은 큰 착각이다.

⑨

간화선(看話禪)의 수행과 실천

간화선의 성립-대혜의 묵조선 비판

송대에는 조사선의 사상과 참선수행을 잘못 이해하여 무사선(無事禪), 무사안일선(無事安逸禪)에 타락한 선승들이 많았다. 묵조사선(黙照邪禪) 수행자들 가운데 일부가 이러한 무사 안일한 사선(邪禪)을 주장하는 선승들이 있어 비판의 대상이 된 것이다.

대혜종고가 '묵조사선'이라고 비판하기 시작한 것은 남송 고종 소흥 4년(1134), 그의 나이 마흔네 살 때의 일로, 그는 복주에서 진헐청료(眞歇淸了, 1089~1151)의 묵조사선을 비판하기 시작했다. 대혜의 간화선은 묵조사선의 비판과 더불어, 그렇게 잘못 전개되고 있는 당시의 송대선(宋代禪)을 구제하기 위한 역사적인 사명으로 개발된 것이다.

대혜의 묵조사선 비판은 소흥 26년(1158), 그의 나이 68살 때의 설법인『대혜어록(大慧語錄)』제17권「전계의 청보설(錢計議請普說)」에서 다음과 같이 설한다.

지금 제방에 일부의 묵조사선(黙照邪禪)을 주장하는 무리가 있다. (중략) 이들의 선풍(禪風)은 왕년(往年)에 복건(福建)지방에서 번창하였다. 나[妙喜]는 20여 년 전인 소흥 초년 경 복건(福建, 閩)의 암자에 주석하고 있을 때, 그들의 잘못된 것을 배척했다. 그들은 부처의 지혜생명[慧命]을 끊었기에 천불(千佛)이 출세(出世)한다고 할지라도 참회가 통하지 않는다.

『대혜서(大慧書: 서장)』「답 종직각(쯤 宗直閣)」에도 다음과 같이 나온다.

지금 묵조사선의 무리가 있는데, 단지 무언무설(無言無說)로서 궁극적인 법칙을 삼고 있다. 그들은 이러한 좌선의 수행을 위음나왕(威音那王; 본래부처[本覺]) 경지의 세계를 전개하는 일로 삼고 있으며, 또한 이를 공겁 이전(空劫以前; 세계가 형성되기 이전의 본래면목[本覺]) 깨달음의 전개로 삼고, 다른 깨달음의 수행 방법은 전혀 믿지 않고 있다. 그들은 선수행을 통한 깨달음은 거짓이라고 하고, 그러한 깨달음을 주장하는 것은 차별심에 떨어진 것이며, 깨달음은 방편의 말이라고 주장하며, 깨달음을 학인들을 제접하는 인사말로 간주하고 있다. 이러한 무리들은 사람들을 기만하고, 자신도 기만하는 것이며, 사람들을 잘못 가르치고, 자기 자신의 수행도 망치고 있다.

즉 묵조선의 수행자들이 오로지 묵묵히 좌선수행을 할 때에 비로소 깨달음의 세계가 전개되고 부처의 지혜가 드러나게 되는 것이라고 주장하면서, 선의 수행을 통한 철저한 깨달음의 체험을 부정하는 묵조사선에 대해 비판한다. 이러한 대혜의 묵조사선 비판은 그의 어록 곳곳에서 찾아볼 수가 있는데, 사실 대혜가 묵조사선을 비판하면서 간화선(看話禪)을 주장하게 된 것은 이처럼 잘못 전승된 조사선의 정신을 다시 재건하고 구제하기 위한 것이다.[1]

---

1   『大慧語錄』17권(T. 47-884下), 19권(T. 47-891中-892,上), 21권(T. 47-901下), 22권(T. 47-902上, 中) 등 참조.
     대혜는 黙照邪禪을 배척하기 위해 『弁正邪論』을 지었다고 『大慧年譜』 紹興 4년(1134) 條에 다음과 같이 기록하고 있다.

     「林適可司法이 암자를 洋嶼(양서; 福建)에 짓고 대혜 선사를 모시고 와서 거주하도록 했다. 그때에 宗徒들은 妙悟를 없이 하고 학자들을 寂黙하게 좌선만 시켰다. 그래서 『弁正邪說』을 지어 그들을 공격함으로써 단번에 잘못된 병폐를 막았다. 암자에 머무르고 있는 동안에 대혜는 묵조사선의 비판과 공격을 전개하면서, 조사선의 정신이 잘못 이해되고 실천되고 있는 이 시대에 새로운 선수행의 방법론으로 당대(唐代) 조사선 선승들의 선문답인 고칙 공안(古則公案)을 참구하는 간화선을 제시하게 된 것이다. 대혜의 간화선은 송대 이후에 새로운 선수행으로서 정착되었다.

당대 조사들의 선문답을 공안(公案)으로 참구하여 깨달음을 체득하게 하는 간화선의 수행 구조와 실천 방법은 어떠한가? 이 문제를 절을 바꾸어서 살펴보기로 하자.

간화선의 수행 구조

당대 조사선과 묵조선은 본래 청정한 진여본심의 지혜로 지금 여기, 자기 본분사의 여법하게 실행하는 본각문적(本覺門的)인 수행 구조라고 할 수 있다.

본각이란 말은 『대승기신론』에 진여본성은 본래무념

53인이 함께 지내고 있었는데, 50일도 채 되지 않아서 불법을 깨달은 자가 13명이나 되었다.」(『中華大藏經』제2집, 제4책)

대혜가 黙照邪禪을 공격하기 위해 『弁正邪論』을 지었다는 사실은 『大慧書』와 『朱子語類』 126권에 언급되고 있는 기록으로도 확인할 수 있다. 그러나 『弁正邪論』이 전래되지 않고 있어 구체적인 내용은 알 수가 없다.

(本來無念), 본래열반(本來涅槃), 자성청정심(自性淸淨心)으로 지혜광명을 항상 법계에 두루 비추고 있다고 설한 법문에 의거한다. 대승불교의 경전에서 제불여래의 지혜와 불성, 여래장 사상으로 종합하고 있는 법문이다.

마조의 평상심시도(平常心是道)와 임제의 수처작주 입처개진(隨處作主 立處皆眞)이라는 법문은 본래 청정한 진여본심으로 지혜로운 삶을 건립하는 조사선의 사상이다.

이에 반하여 대혜의 간화선은 『대승기신론』에 의거하여 시각문적인(始覺門的)인 수행체계로서 간화선을 제시했다. 대혜종고가 『대혜보설(大慧普說)』 제4권에 "발심수행으로 시각(始覺)이 본각(本覺)에 합치[合]되는 이것이 부처라고 한다."[2]라고 밝히고 있는 점에서 간화선은 시각문적인 수행 구조이다.

당대 조사선과 송대 묵조선의 본각문적인 수행은 철저한 신심(信心)을 토대로 하는 선(禪)이다. 대혜의 간화선은 방편의 공안을 구도심(즉 疑心)을 일으키는 방편 도구로 사용하여 발심수행의 시각문(始覺門)에서 본래의 진여본심을 깨달아 체득하는 본각을 이루도록 제시한 것이다.

---

2 『대혜보설(大慧普說)』 권4 「妙心居士孫通判請普說」(T. 47-888上-878 中, 下 참조.)

사실 진여본심을 철저하게 깨달아 체득하는 본각(本覺)의 실현은 시각(始覺)인 구도(즉 疑心) 발심을 통해서만 이루어진다고 할 수 있는데, 대혜의 간화선은 이러한 시각에서 송대의 새로운 선수행으로 발전시킨 것이다.

『대혜보설』제4권에 「묘심거사 손통판청보설(妙心居士孫通判請普說)」에 다음과 같이 설한다.

대혜 선사가 "시각(始覺)을 본각에 합친다. 이것을 부처라고 한다."라고 설하고, 또 "지금의 시각으로 본각에 합친다."라고 했다. 가끔 묵조선을 수행하는 사람들이 말 없고[無言] 묵연(黙然)한 것을 시각(始覺)으로 삼고 위음왕나반을 본각으로 삼는다. 본래부터 이러한 이치는 잘못된 것이다. 본래 이것은 바른 이치가 아니고, 바른 이치가 아니라면 도대체 무엇이 깨달음인가? 만약에 일체의 모든 것이 바로 그대로 깨달음이라고 한다면 그러면 어째서 또다시 미혹할 수가 있는가? 만약 미혹함이 없다면 석가노자가 샛별이 나타나는 것을 보고 홀연히 곧바로 깨달아 자가(自家)의 본래면목[本命元辰]이 원래 여기에 있다는 사실을 알 수 있게 된 것은 어찌된 것이냐! 때문에 말하노니 "시각(始覺)을 발심[因]으로 하여 본각에 합친다."라고. 선 수행자[禪和子家]가 갑자기 본래면목[鼻孔]을 모착(摸着)한다는 말은 곧 이러한 도리이다. 그러나 이 일은 사람들의 본분상(本分

上)에 구족되어 있지 않다고 말할 수는 없다.

대혜는 『대승기신론』의 본각과 시각(始覺), 불각(不覺)의 논리적인 수행 구조에 의거하여 간화선과 묵조선의 수증론적(修證論的)인 입장을 논하고 있다.[3]

간화선의 수증관(修證觀)은 이치적으로서는 깨달음이 사람들의 각자 본분상에 구족되어 있는[此事, 人人分上, 無不具足] 본각문의 입장이지만, 현실적인 현상[事]으로서는 미혹하기 때문에 지금의 시각을 본각에 합한다[以如今始覺, 合於本覺]라고 말하고 있는 것처럼, 시각문의 입장에 서서 미혹되어 있는 현재의 중생심을 시인하고 발심하는 것이다.[4]

즉, 다시 말하면 우리들은 본래 자성이 청정한 불성을 구족하고 있기에 본래 부처[本覺]의 입장이라고 할 수 있지만 현실적으로는 현상의 경계에 집착하고 매몰되어 사량분별과 차별심, 시기 질투심을 일으키는 중생[不覺]으로 살고 있다. 따라서 이러한 중생세계[不覺]를

---

3 『大乘起信論』에 다음과 같이 本覺, 始覺을 설하고 있다.

「所言覺義者, 謂心體離念. 離念相者, 等虛空界, 無所不偏, 法界一相, 卽是如來平等法身. 依此法身, 說名本覺. 何以故, 本覺義者, 對始覺義說, 以始覺者, 卽同本覺. 始覺義者, 依本覺故, 而有不覺, 依不覺故, 說有始覺.」(T. 32-576中)

4 대혜는 이러한 간화선의 수증론이 始覺門的인 입장임을 자주 강조하고 있다. 『大慧語錄』16권 「傳經幹請普說」(T. 47-878中, 下) 등 참조.

벗어나 본래 부처[本覺]의 모습을 회복하려는 원력과 보리심을 일으키고, 공안을 참구[始覺]하는 간화선의 수행을 통해 자기 본래 부처[本覺]의 세계로 되돌아가는 것이다.

대혜가 시각이 본각에 합한다고 하는 말은 중생심이 진여본심인 불성과 하나가 되는 깨달음의 경지를 말한다.

대혜의 경우, 공안을 참구하는 간화선의 수행[始覺]은 본래의 본심[本覺]을 회복하는 방편이 되고 있다. 그래서 대혜는 『대혜서(大慧書; 서장)』 「답 장사인 장원(答張舍人狀元)」과 「답 탕승상(答湯丞相)」에 『위산경책(潙山警策)』에서 설한 "연궁지리, 이오위칙(研窮至理, 以悟爲則)"이란 말을 인용하여 강조하고 있다.[5]

묵조선의 경우는 좌선수행하는 그 당처에 깨달음[本覺]이 드러나게 된다고 강조한다. 말없이 묵연하게 진여본심으로 좌선수행하는 그대로가 바로 위음왕나반(威音王那畔)의 경지라는 것이 바로 그러한 사실을 말한다.

대혜가 지적하고 있는 것처럼, 묵조선의 수증관(修證觀)은 "지금 좌선하는 이대로의 수행 그 전체가 바로 깨달음[全是覺]"이라는 입장이며, 시각(始覺; 無言黙然), 즉

---

5 『緇門警訓』제1권 「潙山警策」(T. 48-1043下) 『大慧普覺禪師語錄』제30권(T. 47-941下) 및 四卷本 『大慧普說』제2권 「方外道友請普說」(『卍正藏經』제59册, 858項 下段) 등 참조.

본각(本覺: 威音王那畔)이다.

위음왕나반은 『법화경』 「상불경보살품」에서 말하고
있는 태고(太古)의 부처인 위음왕불(威音王佛)을 가리키
며 천지 개벽 이전, 혹은 공겁 이전(空劫以前)의 의미이
다.[6] 선불교에서는 중생심으로 천지를 분별하기 이전의
본래면목, 일체의 분별 대립이 일어나기 이전의 본래면
목, 일체의 사량분별이 끊어진 진여본심의 지혜를 말한
다. 부모에게서 태어나기[父母未生] 이전의 자기 본래면목
이라고 설한 법문과 같이 일체의 분별과 대립의 번뇌 망
념이 생기기 이전의 소식으로 자기의 본래면목을 말한
다.

진헐청료나 천동굉지(天童宏智, 1091~1157)가 위음왕나
반의 본래면목을 묵조선에서 깨달음의 경지라고 강조하
고 있다. 그래서 청료와 굉지의 스승인 단하자순(丹霞子淳,
1064~1117)으로부터 비롯되는 송대 묵조선의 종풍을 겁
외(劫外)의 종풍(宗風)이라고 했다.

이러한 위음왕나반, 혹은 공겁 이전의 자기 본래면목
을 강조하는 묵조선의 입장을 대혜종고는 『대혜서(서장)』
「답 종직각(答宗直閣)」에서 다음과 같이 비판하고 있다.

---

6 『法華經』「常不輕菩薩品」에 「乃往古昔, 過無量無邊, 不可思議, 阿僧祇劫,
   有佛名威音王如來, 應供, 正遍知, 明行足, 善逝, 世間解, 無上士, 調御丈
   夫, 天人師, 佛, 世尊, 劫名離衰, 國名大成.」(岩波文庫本, 卷下 128 項)

요즘 묵조사선(邪禪)을 주장하는 무리들은 다만 무언무설(無言無說)을 극칙(極則)으로 하고, 이를 위음왕나반의 경지라고 부르고 또 공겁 이전의 일이라고 말한다. 그리고 깨달음이 있음을 불신(不信)하고, 깨달음이란 거짓 속임수라고 하며, 깨달음을 제2차로 하고, 깨달음이란 일시적인 방편의 말이며, 사람을 유인하기 위한 말이라고 했다. 이들은 자기도 속이고 남도 기만하며, 자기도 그릇되게 하고 남도 잘못되게 하고 있으니 주의하지 않으면 안 된다. (而今 黙照邪禪輩, 只以無言無說, 爲極則, 喚作威音那畔事, 亦喚作空劫已前事, 不信有悟門, 以悟爲詿, 以悟爲第二頭, 以悟爲方便語, 以悟爲接人之詞. 如此之徒, 謾人自謾, 誤人自誤, 亦不可不知.)

대혜는 『대혜서(서장)』에 누누이 묵조사선이 위음왕나반, 공겁 이전의 경지를 강조한 것임을 지적하면서 이들의 잘못된 문제점을 날카롭게 지적하고 있다.[7]

대혜는 4권본(四卷本) 『대혜보설(大慧普說)』 제4권의 「정선인청보설(正禪人請普說)」에서 "다른 종지(宗旨)를 타파하고자 한다면 먼저 반드시 그 다른 종지를 잘 알아야 한다[大凡, 要破他宗, 須是識得他宗旨(『卍正藏經』 제59책

---

7 『大慧書』 「答曹太尉」(T. 47-939上) 「答張舍人狀元」(T. 47-941下)에서도 똑같은 내용으로 지적하고 있다.

188 선불교 개설

477C)].'라고 설했다. 이처럼, 무작정 묵조선을 사선(邪禪)이라고 비판하고 있는 것이 아니다. 대혜는 막 출가하였을 때 조동선 선승들과 교류했고, 그의 나이 43살 때 복건(福建) 양서암(洋嶼庵)에 머물면서 진헐청료와의 교류 등을 통해서 그들이 설하는 법문을 충분히 잘 알고 있었기 때문이다.[8]

대혜는 본각 사상에 지나치게 경도되고, 무사(無事) 안일선(安逸禪)에 타락한 묵조사선을 날카롭게 관찰하고 있었다. 대혜는 이러한 송대 선불교를 구제하고 새로운 선의 실천과 수행을 제시하고자 묵조사선을 비판하고 공격하였던 것이다.

대혜가 일체의 모두를 그대로 깨달음으로 보는 개증설(皆證說)과 잘못된 무사선(無事禪)을 비판한 진정극문(眞淨克文, 1025~1102)을 존경하고, 이를 『대혜어록』에 누누이 언급하고 있는 것도 이러한 시각에서 이해해야 한다.[9]

---

8   대혜의 생애를 통한 이해는 鄭性本, 『禪의 歷史와 禪思想』(三圓社, 1994. 3.) 455항 이하 참조.

9   대혜는 『大慧書』「答孫知縣」에 眞淨克文 禪師가 圭峰宗密의 『圓覺經疏鈔』 등에서 『圓覺經』에서 "일체 중생이 모두 圓覺을 證得해야 한다."라고 하는 말을 일체 중생이 모두 원각을 具足하고 있다고 고쳤다고 이에 대한 비판을 다음과 같이 인용하고 있다.

    「後來泐潭眞淨和尙, 撰皆證論 論內痛罵圭峰, 謂之破凡夫臊臭漢. 若一切衆生, 皆具圓覺. 而不證者. 畜生永作畜生. 餓鬼永作餓鬼. 盡十方世界. 都盧是箇無孔鐵鎚. 更無一人發眞歸元. 凡夫亦不須求解

천동굉지(天童宏智)의 묵조선은 안락의 법문으로 지유선(至游禪)이지만,[10] 대혜가 지적하고 있는 묵조사선은 이미 철저한 수행과 자각의 깨달음을 증득하여 자기 향상과 전환을 이루는 엄격한 선수행이 결여되어 있다는 점이다. 대혜는 이러한 묵조사선을 비판하면서 당대 조사선의 사상과 정법의 안목을 체득하는 선을 다시 건립하고자 고칙 공안을 참구하는 간화선의 수행을 제시한 것이다.

앞에서도 언급한 것처럼, 대혜의 간화선은 이치로 볼 때, 우리들이 자성청정한 불성을 구족하고 있는 본래 부처인 그 사실을 인정하지만, 현실상에서는 번뇌와 미혹에 떨어져 있는 중생심인 불각(不覺)의 상태에 있는 것이다. 따라서 발심을 일으켜 철저한 좌선과 공안(公案)을 참구하는 선수행으로 각자가 철저한 깨달음의 체험을 통하여 본래 자기가 부처인 그 사실을 다시 재확인해야 한다는 것이다.

이것이 시각(始覺)의 발심에서 본각(本覺)의 깨달음[正

脫. 何以故, 一切衆生 皆已具圓覺. 亦不須求證故.」(T. 47-941上)

대혜는 『大慧書』「答陳少卿」(T. 47-923上), 「答楊敎授」(T. 47-938上)에도 克文의 말을 인용하고 있다.

10 宏智의 黙照禪의 특색은 ① 坐禪을 본분사로 重視하는 것. ② 坐禪은 깨달음에의 수단이 아니라, 좌선 그 자체가 깨달음의 생활이다. ③ 따라서 좌선은 至游禪이며 안락의 법문이다. 至游禪이란 자기 본분사의 삶이며 유희삼매의 낙도(樂道)이다.
굉지의 『黙照銘』, 『至游庵銘』은 語錄에 전한다(T. 48-98下, 100上).

覺]으로 되돌아가는 수행이기에 간화선을 시각문적(始覺門的)인 수행 구조라고 말하는 것이다.

이러한 공안선의 수행 구조는 마치 잃어버린 자기의 황금을 되찾는 것과 흡사하다고 하겠다.

본래부터 자기 자신의 소유물인 황금이었기에 잃어버렸다가 다시 되찾았다고 해서 황금이 새로 더 보태진 것이 아니다. 그러나 잃어버렸던 것을 다시 찾았기 때문에 이젠 다시 잃어버리지 않고 더욱더 소중히 간직할 수가 있는 것이며, 언제 어디서라도 다시는 잃어버리지 않도록 철저히 잘 관리할 수가 있는 것이다.

여기의 황금을 우리들의 불성에 비유해서 생각해 볼 때, 간화선의 참선수행은 중생심으로 전락되어 잃어버린 우리들의 불성을 공안(無字 화두)이라는 방편 도구를 빌려서 되찾아 회복하는 작업이라고 할 수 있다.

이것은 마치 『법화경』「오백제자수기품」에 나오는, 친구의 옷자락 속에 넣어둔 물을 찾지 못하고 고생고생 하다가 친구를 만나 그 사실을 알게 되어 보물을 찾게 된 방편의 가르침과도 비슷한 이야기이다.[11] 이처럼 본래 부

---

11 이와 비슷한 이야기가 『金剛三昧經』「本覺利品」(T. 9-369上)에도 나온다. 아버지가 미혹한 자식의 손에 金錢을 쥐어 준 그 사실을 알지 못하고 貧窮困苦의 생활을 보낸 아들이 부친을 만나 손에 金錢이 있음을 일러 주어 그것을 되찾아 기뻐한 이야기이다.
대승불교의 경전에는 이와 비슷한 내용으로 摩尼寶珠의 이야기가 전한다. 예를 들면 『道行般若經』 권8(T. 8-464中, 465上),『般若經』 권18(T. 8—354下),『大般涅槃經』 권7(T. 12-408上) 등 참조.

처인 자기를 한 번 잃어버렸다가 정말로 되찾는 선수행의 구조가 공안선(公案禪; 看話禪)의 수행 구조인 것이다.

한 번 잃어버린 자기를 되찾기 위한 힌트(방편적인 도구)를 간화선에서는 공안(公案)이라고 한다. 간화선의 수행은 그 공안을 참구하는 학습에 온 몸[全身]과 마음[精神]을 열광적으로 쏟게 한다.

간화선의 수행과 공안의 의미

공안(公案)이란 중국의 속어로, 원래는 법률 용어의 하나인데, 재판소의 판결(判決)·판례(判例)를 뜻한다. 『선림보훈음의(禪林寶訓音義)』에 "공부지안독(公府之案牘)"이라고 하고 있으며,[12] 중봉(中峰, 1263~1323) 화상의 『산방야화(山房夜話)』(상권)에도 다음과 같은 대화를 전하고 있다.

어떤 사람이 "불조(佛祖)의 기연(機緣; 깨닫게 된 인연)을 세간에서는 공안이라고 말하는 이유가 무엇입니까?"라고 질문했다.

중봉 화상이 대답했다. "공안은 공부(公府; 관청)의 안독

---

12 明代 毅宗 崇禎 乙亥年(1635년) 비구 大建의 『禪林寶訓音義』(Z. 113-132d)에 '公案'의 의미를 해석하고 있는 내용은 아마도 中峰明本의 『山房夜話』에서 설한 것을 의용한 것으로 보임.

(案牘; 문서, 서류)에 비유한 말이다. 나라에는 법이 있어야만 왕도(王道)의 정치가 제대로 실현될 수가 있다. 여기서 공(公)이란 성현들이 깨달은 그 전철(前轍)을 하나로 하여 천하의 모든 사람들이 그 길을 함께 갈 수 있도록 하는 이치이다. 안(案)이란 성현들께서 그 이치를 깨닫는 도(道)에 나아가고 수행하는 올바른 방법을 기록한 것이다. 천하를 다스리는 사람은 누구든지 관청[公府]을 설치하지 않을 수가 없고, 관청을 세우면 자연히 그것을 운영하는 법령이 있어야 한다. 이것은 바른 이치를 받아들여 법을 만들고, 올바르지 못한 것을 막고 차단하기 위한 것이다. 법[公案]이 실행되면 바른 정법[理法]이 통용되고, 정법이 통용되면 천하의 기강이 바로 잡히게 되며, 천하의 기강이 바로 잡히게 되면 왕도의 정치가 이루어진다. 불조의 기연(機緣)을 공안(公案)이라고 부르는 것도 이와 마찬가지이다. 따라서 이것은 한 사람의 억지 견해[臆見]가 아니라 신령스런 진여 본성의 근원에 합당하고 미묘한 현지[妙旨]에 계합하여 생사윤회의 굴레를 타파하며, 중생심의 감정과 사량분별[情量]을 초월한 것이다. 삼세 시방의 백천 불보살들과 똑같이 함께 불법의 지극한 이치를 깨달아 품승(稟承)하는 일이다.

그리고 그것은 의해(義解)로 알 수 없고, 말로도 전할 수 없으며, 문자로도 설명할 수 없다. 지식의 척도(알음알이)로도 헤아릴 수가 없다. 마치 독약을 바른 북을 둥둥 치면 그 북소리를 듣는 이가 모두 그 자리에서 죽게 되는 것과 같으며, 큰 불구덩이 속에 갓난아이가 들어가면 그대로 타 죽는 것과 같다.

그러므로 영산회상에서 부처님이 말한 교외별전이라는 것도 이를 전한 것이며, 소림사에서 달마가 전한 직지(直指, 곧바로 제시한 선의 종지)는 이것을 제시한 말이다.[13]

중봉 화상은 또 『산방야화』에서 다음과 같이 설명하고 있다.

공(公)이란 뜻은 기필코 불조의 깨달음과 동일하게 만들겠다는 것이다. 그러므로 공안이 해결되면 번뇌와 사량분별[情識]이 사라지고, 번뇌와 사량분별이 사라지면 생사윤회의 굴레가 공(空)해지고, 생사의 굴레가 공해지면 불도를 이룰 수가 있다. 앞에서 말한 것처럼, 불조의 깨달음과 동일하게 만들겠다는 것은 중생들이 생사망념의 번뇌 속에서 자기 스스로 꽁꽁 묶여 풀려나지 못하는 것을 보고 제불과 조사들이 불쌍히 여기는 상황을 두고 한 말이다.[14]

---

13 『中華大藏經』第1輯 10集, 『天目中峰和尙廣錄』권11의 上, 선림고경총서 제2권 『山房夜話』 45쪽, 240쪽 등 참조.
14 위의 注 13 참조.

공안은 공부(公府)의 안독(案牘)으로 법칙의 조문을 말한다. 사사로운 감정이 개입될 수가 없으며 누구나가 반드시 준수해야 할 절대성의 의미를 지니고 있다. 중국 선종에서 이러한 법률 용어인 공안을 불법수행의 기준으로 응용하는 것은 선종에서 불조가 깨닫고 개시(開示)한 불법의 방편법문을 의미하며, 학인이 분별의식을 떨쳐 버리고 이 방편법문을 참구하여 깨달아야 할 문제(공안)가 된다. 즉, 불조의 법문을 정법과 사법을 결정하는 기준으로 하여, 참된 자신의 본래면목을 찾고 깨닫는 법칙으로 삼는 것이다. 제불조사들이 제시한 방편법문과 선문답을 판례(判例)로 삼고 정법을 참구하는 수행이다.

역사는 인간 사회에서 일어나는 여러 가지 문제들을 통해 인간의 삶을 조명해 주는 역할을 한다. 어떤 어려운 문제[難問]에 봉착할 때마다 역사를 되돌아보면서 옛사람들의 지혜를 조감(照鑑)하여 오늘의 이 어려운 문제와 상황을 극복할 수 있는 지혜를 제시해 주고 있다.

그것은 마치 병원의 의사들이 종래의 다양한 환자들의 질병을 치료하면서 남긴 다양한 병상(病床)의 일지(日誌)와 여러 가지 환자의 병에 대한 치료 기록과 경험을 살려 새로운 환자의 질병을 방편지혜로 치료하는 것과 같다.

의사들의 병상일지, 즉 그 어떤 질병에 대한 치료법과

실험의 기록 등은 그러한 병에 대한 완전한 치료법의 가르침인 것이다. 중요한 것은 그러한 사실의 선례가 사실로서 성립하기까지의 과정과 경위가 문제라고 할 수 있다.

재판소의 판례도 마찬가지이다. 세간에서 일어난 여러 가지 어려운 문제들을 재판을 통해 해결한 판례와 사례에 의거하여 지금의 이 문제를 해결하는 방편지혜를 배우고 활용하는 능력이다.

공안(公案)은 재판의 판례(判例)와 같은 것이다.[15] 조사들이 깨닫게 된 선문답과 기연(機緣)을 공안이라고 하는 것도 그것이 깨달음을 체득한 사실의 판례이기 때문이다. 그 공안 하나하나가 조사 한 사람 한 사람이 깨닫게 된 선문답의 기연이며 사례이다.

이처럼 옛 조사들의 깨닫게 된 체험의 인연을 선에서는 공안이라고 하는데, 그것은 진실(眞實)을 깨달아 체득한 체험의 선례로 삼고 있기 때문에 붙여진 명칭이다. 마치 의사가 종래의 병상일지와 환자 치료법의 선례를

---

15 원래 公案이란 말은 裁判所의 判例이다. 중국에서 유명한 裁判實話集, 즉 判例集을 모은 책으로는 南宋의 桂萬榮이 편집한 『棠陰比事』와 『包公案』이 있다. 『包公案』은 北宋 仁宗時代에 유명한 裁判官으로 대중에 널리 알려진 包拯, 字는 希仁의 裁判說話(實話)를 모은 것으로 明代에 刊行되었다. 一名 『龍圖公案』이라고도 한다.
'棠陰'이란 官公署, 혹은 공평한 裁判이라는 의미로도 쓰였다. 그것은 『史記』「燕召公世家」에 옛날 周나라의 召伯(召公姬奭)이 지방을 순회했을 때 주민들을 번거롭게 하지 않기 위해 甘棠(山梨)의 나무 그늘에서 野宿하면서 주민들의 訴請을 듣고, 공평한 재판을 했다고 하는 故事에서 연유한 것이다. (* 駒田信二, 『棠陰比事』(岩波文庫) 참조.)

통해서 지금의 환자를 치료하는 기준으로 삼고 있는 것처럼, 혹은 재판소의 재판관이나 변호사가 종래의 판례에 의지해서 지금의 문제를 해결하는 기준과 지혜로 삼고 있는 것과 같다.

원래 공안은 당대(唐代) 조사선 시대에 비롯되어 송대에 공안선(公案禪; 看話禪)의 발전과 더불어 당대(唐代) 조사들의 선문답의 기연(機緣)을 불법수행의 판례로 응용하면서 성행되었다.[16]

공안(公案)이라면 보통 『전등록』에 나타난 불조(佛祖) 1700인의 숫자에 따라서 1700 공안이라고 말하는데, 대혜종고가 제시한 조주(趙州)의 무자(無字) 공안은 구도발심의 근본이 되는 공안이다.

공안의 의미와 방편법문

그런데 특히 송대에 이르러 당대 선승들의 기연(機緣)을 고칙공안으로 삼고 선수행의 기준으로 할 필요성이 있었다. 이에 대하여 남송 시대 대혜 선사의 법통을 계

---

16 公案이란 말은 黃檗의 제자 睦州가 최초로 사용한 것이다. 『傳燈錄』 권 12, 陳尊宿章에 나오는 '見成公案'(T. 51-291中)이란 말이 최초의 例이고, 『雲門廣錄』 권上에는 '兩重公案'(T. 47-551下) 및 '現成公案'(T. 47-547上)이란 말이 보인다.

승한 고애원오(枯崖圓悟, 생몰연대 미상) 선사는 『고애만록(枯崖漫錄)』 권중(卷中)에, 국사[國史; 진귀겸(陳貴謙)]가 사인(舍人) 진덕수(眞德秀)에게 보낸 답서(答書)를 다음과 같이 인용하고 있다.

그대가 말씀하신 "화두란 과연 꼭 간(看)해야 하는 것인가?"라는 질문입니다만, 내가 볼 때 화두란 반드시 정설이 있는 것은 아니라고 생각합니다. 만약 한 생각의 망념이 일어나지 않는다면 그대로 전체가 부처[佛]입니다. 그 어느 곳에 따로 화두가 있을 수 있겠습니까? 그러나 여러 생(生)에 걸쳐 많은 습기(習氣)로 인하여 깨달음을 등지고 번뇌에 빠져 마치 원숭이가 밤톨을 주워 모으듯 끊임없이 찰나 사이에도 번뇌 망념이 일어났다 없어지곤 합니다. 그래서 여러 불조(佛祖)께서 부득이 임시방편을 만들어 하나의 자미(滋味; 재미)도 없는 화두를 씹게 하여 의식(意識)이 산만하게 일어나지 못하도록 했습니다. 마치 꿀 과자를 쓰디쓴 조롱박과 바꾸는 일과 같아서 그대들의 업식(業識)을 도야(陶冶)하는 일에 실제 아무런 의의가 없는 것이며, 또한 국가에서 부득이 병기(兵器)를 사용하는 것과 같은 경우라고 하겠습니다.[17]

---

17 선림고경총서 제28권 『枯崖漫錄』卷中 89쪽, 146쪽.

선의 수행에 반드시 화두(話頭), 즉 공안(公案)이 필요한 것인가? 이에 대한 질문과 답변의 일단인데, 마지막에 국가에서 전쟁이 돌발하는 어쩔 수 없는 상황에는 부득이 무기를 사용하지 않을 수 없다는 『노자』의 말을 빌려 공안의 필요성을 논하고 있다.

『노자』 제31장에 "병기[兵]란 상서롭지 못한 무기이다. 군자(君子)가 사용할 물건이 아니다. 그러나 어쩔 수 없는 상황에서 부득이 그것을 사용하는 것이다."라고 했다. 병(兵)이란 군대로 병기를 사용하는 전투요원을 의미하는데, 군대와 병기(兵器)는 바람직한 것은 아니지만 적군의 침입과 국가의 안전을 위한 자기 방위를 위해서는 부득이 설치하지 않을 수 없는 존재이다.

병기는 방편법문의 언어와 선문답의 공안이다. 사실 선수행에서 방편법문의 언어나 선문답의 공안은 참선수행자의 길잡이가 되는 것이다. 선에서는 불립문자(不立文字)를 자주 언급하고 있지만, 초심자의 선수행에 길잡이로 부득이 방편의 언어나 문자를 지침으로 제시하고 수행의 이정표로 삼아 깨달음의 길로 나아가게 하는 것이다.

선의 공안도 이와 마찬가지로 꼭 정해진 틀이나 격식에 따르도록 하는 것이 아니다. 중생이 진여본심을 등지고 시시각각으로 찰나에도 망념에 휘말려 자기를 잃어버리고 있기에 여러 불조들께서 부득이 재미도 없는 선문답의 공안(公案)을 수시로 제시하여 참구하게 하고, 의식이 흐트러지지 않고 본래면목을 깨닫는 방편으로 삼도록 했다.

『목주어록(睦州語錄)』에 다음과 같은 대화가 있다.

어떤 수행승 질문했다. "무엇이 부처님의 한평생 설법한 가르침[一代時敎]입니까?"
목주 화상이 대답했다. "상대인구을사(上大人丘乙巳)이다."

여기 목주 화상이 대답하는 "상대인구을사(上大人丘乙巳)"라는 말은 어린아이가 처음 글자를 배울 적에 보고 쓸 수 있는 글씨본이다. 『통속편(通俗編)』 제7권에 의하면 "그 문장은 특히 베껴 쓰고 그리는 일[筆畵]이 간소하기 때문에 어린아이의 글씨를 배우고 익히는 교육용으로 편리하게 사용되고 있을 뿐이지 그렇게 큰 뜻[義理]은 없다."라고 말한다.

이 말은 공자(孔子)가 그의 부친에게 올린 글 가운데 첫 구절을 인용한 것인데, "대인에게 올립니다. 저[丘]는 일생[一身] 삼천칠십 명의 선비들을 교육시켰습니다. 소생은 72명의 제자가 인의(仁義)의 예(禮)를 잘 아는 사람입니다[上大人 丘乙巳, 化三千七十士爾, 小生 八九子佳 作仁可知禮也]."라는 말이 그 전체 문장이다. 상대인(上大人)은 공자, 구(丘)는 그의 이름, 을사(乙巳)는 일신(一身), 소위 삼천의 제자 중에서 인의의 예를 잘 아는 사람이 72명이 된다는 의미이다.

중국인들은 처음 어린아이가 글자를 배울 적에 이 글씨본을 표본으로 하여 학습했고, 이어서 사서오경(四書五經)의 고전을 배워 인간 형성의 교육으로 삼았다.

대혜의 『대혜서(서장)』 「답 여랑중(答呂郎中)」에도 다음과 같이 인용하고 있다.

대개 학문을 처음 배우는 일[上大人丘乙巳]이 잘못되어 부귀를 취하려고만 하기 때문이다. 그러나 부귀를 취하는 사람이 과연 몇 명이나 되는가? 반드시 뜻[志向]을 전환시켜 자기의 발밑[脚跟下]을 향해 추궁해 보시오. (蓋從上大人丘乙巳時, 便錯了也. 只欲取富貴耳. 取得富貴底, 又能有幾人. 肯回頭轉腦向 自己脚跟下推窮.)

상대인구을사는 학문의 입구(入口)라는 의미인데, 인간이 처음 학문을 배우고 익히는 학습 그 자체가 인격 형성의 토대가 되는 것처럼, 공안의 참구 그 자체도 선의 수행을 통한 자기 개발과 인격 형성의 표본이며 기준이 된다.

다시 목주 화상의 대답을 음미해 보자. "무엇이 부처님의 일대에 설한 가르침[一代時敎]입니까?"라는 질문에 목주 화상이 "상대인구을사(上大人丘乙巳)"라고 대답한 것은, 부처님이 한평생, 45년 동안 설법한 일대시교(一代時教)의 방편법문을 중생들이 여법하게 배우고 익혀 불법의 진실을 깨달아 체득하는 기본 방향과 수행의 표본으로 제시했다는 말이다.

사실 선의 공안도 이와 똑같은 의미를 지니고 있다. 공안 공부 자체가 그대로 자신을 제불의 지혜와 인격으로 향상시키는 일이고, 정법의 안목으로 지혜로운 본분사의 삶을 사는 일이다.

따라서 선승들의 선문답인 공안은 중생들이 발심수행하여 본래 청정한 진여본심의 집으로 되돌아갈 수 있게 하는 방편법문이며 이정표와 같은 방편 도구라고 할 수 있다. 그래서 선문에서는 선문답의 공안을 "남의 집 대문을 두드리는 기와 조각[敲門瓦子]"에 비유한다.

『원오심요(圓悟心要)』 상권, '민지고(民知庫)에게 주는 글'에는 다음과 같은 내용이 나온다.

남의 말을 따르는 것을 무엇보다도 주의해야 한다. 영운(靈雲) 선사는 복사꽃을 보고 깨달아 게송을 지었고, 현사(玄沙) 선사는 "그는 아직 철저히 깨닫지 못했다."라고 말했다. 어떤 노파가 오대산 가는 길을 가르쳐 주자, 조주 선사는 되돌아와 노파를 점검(點檢; 勘破)했다고 한다. 총림에서 이러한 이야기를 여러 가지로 따지면서 시끄럽게 떠들 뿐이니 이것이야말로 옛사람이 "문을 두드리는 기와 조각과 같다."라고 말한 뜻을 전혀 몰랐다고 하리라. 문에 들어가는 것이 무엇보다 중요한 일이므로 대문에 들어갔으면 그만이지 문을 두드리는 기와 조각을 대단한 것인 양 집착할 필요가 어디 있겠는가?

『원오심요』하권의 '인선인(印禪人)에게 주는 글'에서는 다음과 같이 설한다.

만학(晚學)의 초참납자(初參衲子)가 잠시 참구하려 하나, 더듬어 잡을 곳이 없으므로 선덕(先德)이 자비를 베풀어 고인(古人)의 공안을 들게 한다. 이것은 대개가 법도를 시설하여 미친 듯이 제멋대로 사량분별하는 그들의 마음을 붙잡아 알음알이를 쉬게 하고, 한결같은 깨달음의 경지에 이르게 한 것이다. 단번에 밝히기만 하면 마음은 밖에서 얻는 것이 아니니, 지난날의 공안은 대문을 두드리는 기와 조각에 불과한 것이다.

공안은 대문을 두드리는 기와 조각과 같이 방편 도구에 불과하다. 불조의 말씀인 공안은 불법의 문을 두드리는 기와 조각과 같다. 원오 선사도 『원오심요』하권의 '장대제(蔣待制)에게 주는 글'에 다음과 같이 설한다.

눈썹을 드날리고, 눈을 깜박이며, 망치로 치고[白椎], 불자(拂子)를 세우며, 주장자를 휘두르고, 고함[喝]치며, 미묘한 언구를 베푸는 등, 옛 사람들의 백천억 가지 방편들은 모두 사람들로 하여금 여기에서 투철하게 해탈하게 하는 일이었습니다. 한 번 꿰뚫었다 하면 그대로 근원까지 깊이 사무쳐 꿰뚫어 문을 두드리는 기와 조각을 버리고 끝내 털끝만큼도 마음에 둔 것이 없어야 합니다.

20년이고 30년이고 그렇게 닦아 나가면서 이론이나 주장을 끊고 기연(機緣)과 경계를 타파하고 쉬어 버리면 홀연히 무심해지니 그곳이 안락하게 쉬는 경계입니다.

(Z.120-378d)

공안은 본래 스승이 제자를 견성의 깨달음으로 인도하기 위해 제자에게 방편으로 부여하는 참선수행의 한 과제이다. 따라서 공안을 참구하는 것은 좌선수행과 분리할 수가 없다.

공안을 참구하는 수행은 첫 번째 각자가 불조의 말씀인 공안을 참구하여 견성의 체험으로 불법의 진실(대의)을 깨닫고 정법의 안목을 구족하며, 인격 전체를 보다 향상시키고 연마시키기 위한 수행 과제이다.

공안은 사량분별의 중생심[凡夫]에서 본래의 진여본심의 지혜로 자기 자신을 전환하게 하는 방편 도구이다.

공안은 인간의 이성적인 작용과 사량분별로는 해결할 수 없으며 오로지 좌선과 참선으로 중생심의 사량분별을 소멸시키고, 진여본심의 지혜를 체득하는 방편법문이다. 그래서 선문답의 공안을 참구한다고 하는 것이다.

공안은 수행자의 체험으로 진여 본성을 여법하게 증명하는 관청[公府]의 법안[案牘]이다.

중봉 화상(中峰和尙, 1263~1323)은 『산방야화(山房夜話)』에 공안의 의의를 다음과 같이 설한다.

참선하는 사람이 깨달은 부분은 있으나, 자기 스스로 확신을 확립하지 못하면 스승에게 질문합니다. 그러면 스승은 공안을 근거로 수행자의 의심(疑心)을 풀어 줍니다.

공안이란 바로 번뇌 망상의 어둠을 밝혀 주는 지혜의 횃불이며, 보고 듣는 것에 얽매인 결박을 끊어 주는 날카로운 칼입니다. 공안이란 번뇌의 뿌리를 끊어 버리는 날카로운 도끼이며, 성인과 범부를 가려내는 신령스러운 거울입니다. 조사들의 본뜻이 공안으로 분명하게 밝혀지고, 불심이 공안으로 드러납니다. 번뇌를 말끔히 털어 버리고 불조의 혜명(慧命)을 드러내는 데는 이 공안보다 더 좋은 길잡이가 없습니다.[18] (『중화대장경』 제1집, 10集)

---

18 『天目中峰和尙廣錄』 제11권상, 선림고경총서 『山房夜話』 권상 49항 참고.

공안의 의미를 단적으로 제시하고 있는 일단인데, 중봉명본(中峰明本) 선사는 수행자는 이러한 공안의 참구로써 깨달아 체득한 경계[佛境界]와 견처(見處; 眼目)가 단순히 자기 자신 혹은 한 사람의 억지 견해가 아니라 불법의 근본에 합당하고 현지에 계합하여 생사윤회의 굴레를 타파하고, 사량분별을 초월하며, 시방 삼세 제불보살들과 똑같이 함께 불법의 지극한 이치를 품승(稟承)하는 일이라고 했다.

무자 공안의 참구와 간화선

공안선(公案禪)을 간화선(看話禪)이라고도 한다. 간화(看話)란 불조(佛祖)의 법문과 선문답을 진여일심의 지혜로 읽고 참구[看]하는 수행이다. 즉 간화선은 불조의 법문인 화두(話頭; 公案)를 참구하며 공부[看]하는 수행이다.

그것은 불조의 법문을 정법을 깨달은 판례(判例)로 삼고, 정법의 안목을 구족하고 방편의 지혜를 구족하여 지금 여기, 자기 본분사의 일을 정법의 지혜로 보살도를 실행할 수 있는 능력을 향상시키며, 불법사상을 심화(深化)하는 수행이다.

간화선의 대성자인 대혜종고는 조주 선사의 선문답

에서 설한 무자(無字) 화두를 진여본심을 깨닫는 방편 도구로 제시했다. 즉, 무자 화두를 참구하는 수행은 일상생활에서 중생심의 번뇌 망념을 자각 발심하여 본래의 진여본심을 회복하게 하는 것이다. 무자 화두를 기와 조각으로 남의 집 대문을 두드려 신호를 보내고, 주인이 대문을 열어 주면 집안으로 들어갈 수 있다는 의미로 고문와자(敲門瓦子)에 비유한다. 초발심으로 정각을 이루는 법문처럼, 망념이 일어날 때 무자 공안을 제시하여 참구하는 발심수행으로 본심(정각)을 회복하는 수행법이다.

조주의 무자 공안을 최초로 주목한 사람은 오조법연(五祖法演, ?~1104)이다. 『법연선사어록』 하권에는 조주 무자(無字)에 대한 다음과 같은 법어가 보인다.

> 어떤 스님이 조주 스님에게 물었다. "개[狗,犬]한테도 불성(佛性)이 있습니까?"
> 조주 스님은 "없다[無]."라고 답했다.
> 그 스님은 다시 말했다 "일체 중생이 모두 불성이 있다고 했는데, 어째서 개는 불성이 없다고 합니까?"
> 조주 스님은 "그대에게 중생의 업식성(業識性)이 있기 때문이다."라고 대답했다.
> 법연 선사가 말씀하였다. 대중 여러분들은 평소 어떻게 불법을 알고 있는가? 노승(老僧)은 평소 다만 이 조주

의 무자를 참구하는 것으로 충분하다. 자네들이 만약 이 조주의 무자를 깨닫고자 한다면 천하의 사람들 그 누구도 그대들을 어떻게 할 수가 없다.

자네들 모두 어떻게 깨달아야 할 것인가? 만약 철저히 깨달은 사람이 있는가? 있으면 이리 나와서 대답해 보도록 하라. 나는 자네들이 유(有)라고 대답하는 것도 요구하지 않고, 또한 무(無)라고 대답하는 것도 요구하지 않는다. 그리고 또한 유도 무도 아니라고 대답하는 것도 요구하지 않는다. 자! 자네들, 도대체 무엇이라고 대답할 것인가?

『대혜서(서장)』「답 왕내한(答汪內翰)」에는 다음과 같이 전한다.

어떤 수행승이 조주 선사께 "개도 불성이 있습니까?" 라고 질문하자 조주 선사가 "무(無)"라고 대답한 공안을 참구하시오. 쓸데없는 사량분별심을 "무(無)"라는 곳에 두고 시험 삼아 참구해 보시오. 눈 깜짝할 사이에 사량을 초월한 곳에서 일념(一念)에 타파된다면 그것이 삼세에 통달하는 것입니다.

대혜가 무자 공안을 참구하도록 한 것은 중생의 생사심인 일체의 사량분별을 끊고 사량이 미치지 못하는 진여본심으로 참구하는 선수행의 방편으로 제시한 것이다. 그래서 대혜의 간화선은 중생의 생사심을 타파하고 불안한 의심을 끊는 지혜의 칼이라고 설한다.

즉 『대혜서(서장)』「답 진소경(答陳少卿)」에 다음의 일단을 살펴보자.

당신은 오로지 의정(疑情)이 깨어지지 않은 그곳에서 참구하시오. 행주좌와에 정신을 느슨히 풀어 놓아서는 안 됩니다. 어떤 수행승이 조주 선사에게 "개[狗子]도 불성이 있습니까?"라는 질문에 조주 선사는 "무(無)"라고 대답했습니다. 조주 선사가 설한 "무(無)"는 생사심의 번뇌 망념을 타파하고 불안의 의심을 끊는 지혜의 칼입니다. 이 칼자루는 다만 각자의 손에 있습니다. 때문에 다른 사람에게 손을 쓰게 할 수가 없습니다. 반드시 자기 자신이 손을 써서 타파하고 끊어 버려야 합니다.

또 대혜는 조주의 무자 공안은 중생심의 사량분별과 나쁜 지해(知解)를 타파하는 무기라고 『大慧書(서장)』의 부추밀(富樞密)에게 답한 글에서 다음과 같이 설한다.

만약 곧바로 깨닫고자 한다면 이 망념이 타파될 때 비로소 생사를 깨달을 수가 있으며 이를 깨달음[悟人]이라고 말한다. 그러나 마음에 깨달음[破處]을 기대하는 마음을 가진다면, 영겁이 지나도 이러한 기회는 결코 있을 수 없다. 다만 망상으로 전도된 마음, 사량분별의 마음, 생(生)을 좋아하고 사(死)를 싫어하는 마음, 지견해회(知見解會; 사량분별심)의 마음, 조용함을 좋아하고 시끄러움을 싫어하는 마음을 한꺼번에 꽉 누르고, 그 꽉 누른 곳에서 무자 화두를 간(看)하도록 하라.

예를 들면 어떤 수행승이 조주 선사께 "개[狗子]에게도 불성이 있습니까?"라고 질문하자, 조주는 "무(無)"라고 대답했다. 이 "무(無)"라는 한 글자야말로 온갖 잘못되고 그릇된 지해(知解; 알음알이)를 쳐부수는 무기이다.

이 "무(無)"를 깨달으려면, 유무(有無)의 상대적인 의식을 일으켜서는 안 된다. 도리(道理)로써 무(無)를 알려고 해서도 안 된다. 의식으로 사량하여 판단해서도 안 된다. 눈썹을 치켜 올리고 눈동자를 굴리는 곳에 머물러서도 안 된다. 말하는 그곳에 생활을 삼아서도 안 된다. 무사(無事)한 가운데 머물러서도 안 된다. 제시된 공안에 대하여 곧바로 받아들여서도 안 된다. 문자 가운데서 증거를 찾으려 해서도 안 된다. 오직 한결같이 하루 종일 행주좌와(行住坐臥)의 일상생활 가운데서 언제나 無字 공안을 제시하고, 정신 차려 참구해야 한다.

대혜 선사는 일체의 분별심과 차별심을 억누르고 조주의 무자 화두를 참구하도록 강조하고 있다. 따라서 조주의 무자 공안은 지견해회(知見解會)를 타파하는 무기라고 주장하고 있다. 무자 공안을 참구하는 대혜의 간화선은 일체 중생심의 차별심과 분별심을 타파하는 최상의 방편 도구이며, 무자 공안을 참구하면 사량분별이 타파되고 진여 본심을 깨닫게 된다. 말하자면 간화선의 공안은 자기 본래의 불성을 깨닫는 방편 도구이다.

위의 인용문에서 대혜는 간화선의 참구 방법을 구체적으로 제시하고 있는데, 그 가운데 주목해야 할 것이 간화선의 선병(禪病)에 떨어지기 쉬운 문제들을 제시하고 있는 점이다.

고려 시대에 공안선을 도입하여 선불교의 수행을 강조한 보조지눌(普照知訥, 1158~1210)은 『간화결의론(看話決疑論)』을 저술하고 무자 화두를 참구하는 간화선 수행의 열 가지 선병[十病禪病]으로 정리하고 수행자들을 주의시키고 있다.[19]

지눌이 『간화결의론』에서 간화 선병(看話 禪病)의 근거로 인용한 것이 『대혜서(서장)』「답 장사인 장원(答張舍人 狀元)」에 전하는 자료에 의거하고 있다.

또 『대혜서』「답 종직각(答宗直閣)」에도 다음과 같이 간화선병에 떨어지지 않도록 주의시키고 있다.

---

19 『한국불교전서』 제4권 765쪽 참조. 『普照全書』 163쪽, 『禪家龜鑑』에도 인용함.

일상생활에서 시절인연에 순응[應]할 경우 다시 한 번 차별의 대상경계에 만났다고 느낄 때에는 다만 그 차별심이 일어난 그 장소에서 "개도 불성이 있습니까?"라는 질문에 조주 선사가 "무"라고 대답한 화두를 들고 참구[看]하시오. 번뇌를 털어 버리겠다는 생각을 일으켜서는 안 됩니다. 감정의 망념[情塵]을 일으켜서도 안 됩니다. 차별심을 일으켜서도 안 됩니다. 불법에 대한 생각을 일으켜서도 안 됩니다. 오로지 구자무불성(狗子無佛性) 화두를 참구하시오. 오로지 이 無字 하나만 제시하고, 깨달음을 기대하는 마음을 가져서도 안 됩니다. 만약에 깨달음을 기대하는 마음이 있으면, 경계도 차별하고 불법도 차별하고, 감정의 망념도 차별하고, 구자무불성 화두도 차별하고, 중단하는 경우에도 차별하고, 중단하지 않을 경우에도 차별하고, 중생심의 육근(六根), 육진(六塵)에 혹란(惑亂)되어 신심(身心)이 안락하지 않은 경우도 차별하고, 이것저것 여러 가지 차별해서 잘 아는 것도 차별하게 된다. 이러한 병폐를 없애고자 한다면, 오로지 무자(無字)를 참구하도록 하시오.

대혜는 간화선의 수행에서 일어나기 쉬운 여러 가지 선병(禪病)을 지적하고 이러한 일체의 차별심, 분별심이 일어나는 그곳에 무자 공안을 들어 참구하도록 강조하고 있다. 특히 간화선에서 공안 참구의 의미를 대혜는 『위산경책(潙山警策)』에서 "깨달음을 원칙으로 한다[以悟 爲則]."라는 말을 여러 곳에 인용하여 강조하고 있다. 묵 조선 수행자들은 간화선을 "깨달음을 기다리는 대오선 (待悟禪)"이라고 비난했다.[20]

대혜가 간화선의 수행에서 선병에 떨어지기 쉬운 여 러 항목을 열거한 가운데 몇 차례나 깨달음을 기다리는 마음을 가져서는 안 된다고 주의하는 것으로 충분히 알 수 있다.

무자 공안의 참구는 불가사량(不可思量)의 사량(思量) 이다. 중생심의 사량분별심이 끊어진 진여본심으로 무 자 공안을 참구하는 수행이기에 깨달음을 기대하는 마 음이 개입할 틈이 없다. 깨닫기를 기다리는 대오(待悟)의 마음을 부정하고 개오(開悟)를 기대하는 망심을 차단하 는 수행이 무자 공안을 참구하는 일이다.

또한 깨닫기를 기다리는 대오의 마음뿐만 아니라 문 자나 이치로 무자 공안을 이해하려는 마음, 유무(有無) 의 마음 등등 일체의 사량분별을 무자 공안을 들고 참 구하는 순간 일시에 끊어지는 것이다. 그래서 무자 공안 을 생사의 번뇌를 타파하고, 일체 의심을 끊는 지혜의

---

20 道元의 『永平廣錄』 제8권(法語 11)에 "諸宗坐禪 待悟爲則"이라고 비판 하고 있다. 또 道元은 『正法眼藏』 「大悟」 등에서도 비판한다.

칼이라고 하며, 나쁜 지해(知解; 知見解會)를 쳐부수는 무기라고 한다.

대혜는 무자 공안을 참구하는 간화선의 수행 의미를 『대혜서(서장)』「답 탕승상(答湯丞相)」에 다음과 같이 말하고 있다.

다만 언제라도 마음을 텅 비워서 일상생활의 할 일에 따라서 일을 처리하고 경계를 만나거나 인연을 만나면 때때로 무자 화두를 들고 참구하시오. 빨리 어떤 효과를 구해서는 안 됩니다. 불법의 지극한 도리를 참구하는 수행은 대의를 깨닫는 일을 법칙(기준)으로 합니다 [研窮至理, 以悟爲則]. 제일 먼저 마음속으로 깨달음을 기대해서는 안 됩니다. 만약 깨달음을 기대하는 마음이 있으면 도(道)를 보는 눈을 가리게 되고, 급히 서두르면 급히 서두를수록 지체(遲滯; 늦어짐)되고 맙니다. 오직 무자 화두를 들고 참구하시오. 화두를 참구하는 그곳에 곧바로 생사의 망심이 끊어지니 이것이 곧 자기 집에 돌아가 편안히 쉴 수 있는 곳입니다. 이러한 경지에 도달할 수가 있다면, 자연히 옛사람의 방편법문을 알고, 여러 가지 다른 견해가 저절로 일어나지 않게 됩니다.

대혜는 무자 공안을 들고 참구하는 그곳이 다름 아

닌 생사의 망심이 끊어진 귀가온좌지처(歸家穩坐之處)라
고 말한다. 『대혜서』「답 이보문(答李寶文)」에서도 "귀가
온좌저로두(歸家穩坐底路頭)"[21]라고 하는데, 이 말은 곧
안신입명처(安身立命處)를 말한다. 자기 집에 되돌아가서
일체의 근심걱정과 불안[苦]에서 벗어나 편안하고 안전
하게 본분사를 실행하는 경지이다. 자신의 본래 집으로
되돌아가는 구조가 불교의 수행이며 자연의 종교인 동
양사상의 풍토이다.

집[家]을 중심으로 가정생활과 자급자족의 경제생활
을 영위한 동양인들의 정신적인 안식처가 집이기에 밖
에 외출했다가 집으로 되돌아오는 일은 일체의 불안과
걱정에서 벗어나는 것이다. 『십우도(十牛圖)』에서도 소를
찾아 소를 타고 집으로 되돌아가는 기우귀가(騎牛歸家)
로 설한다.

필자는 이러한 동양종교의 본질을 숲의 종교로 파악
하였는데, 집[家]과 숲(자연, 農土)의 풍토에서 살아가는 동
양인의 환경에서 귀가오좌(歸家穩坐)가 선불교의 안신입
명처로 제시되는 선수행의 구조체계를 엿볼 수 있다.[22]

---

21 『大慧語錄』 제29권(T. 47935下).
22 필자는 인간의 환경과 思考, 내지 종교관의 형성을 풍토에서 규명해 보
   려고 한다. 이 문제에 대한 약간의 언급은 拙著, 『禪의 歷史와 禪思想』
   (三圓社, 1994년)에 「숲의 종교와 사막의 종교」라는 주제로 제시한 바
   있다.

공안의 사명-구도 문제의 의심

간화선에서 공안은 중생심의 번뇌 망념을 텅 비우고 진여본심을 회복하는 방편 도구인 동시에 공안은 구도적인 문제를 일으키게 하는 의심(疑心)의 사명(使命)을 지니고 있다.

4권본(四卷本) 『대혜보설(大慧普說)』 제4권 왕통판(王通判)에게 내린 법문에 다음과 같이 설한다.

> 다만 오로지 중생심의 의심이 타파되지 않는 그곳에 나아가 무자(無字) 공안을 참구하시오. 무자 공안을 참구할 때 주의할 것은 마음으로 깨달음을 기대해서는 안 됩니다. 만약 마음으로 깨달음을 기대한다면, 모든 것이 끝장입니다. 생사의 망심이 아직 타파되지 않았다면, 마음 전체가 이 한 덩어리의 구도적인 문제[疑情]가 되고, 구도적인 문제 속에서 이 무자 화두를 들고 참구하시오. 어떤 스님이 조주에게 "개[狗子]도 불성이 있습니까?"라는 질문에 조주가 "무"라고 대답한 공안을. (『卍正藏經』 제59책, 481C)

간화선은 천만 가지의 중생심의 망념을 오로지 무자 공안에 응집시켜서 화두를 참구하는 수행에서 중생심의 미혹을 타파하도록 하는 선수행이다. 무자 공안을 참구하는 수행으로 중생심의 의심이 타파되면 천만 가지의 의심이 일시에 타파되어 진여본심을 깨달아 체득할 수 있는 수행이 간화선이다.

그래서 대혜는 4권본『대혜보설』제2권에 "큰 의심이 있어야 대오(大悟)가 있다[所以道, 大疑之下必有大悟]."[23]라고 했다.

간화선에서 말하는 의심은 구도적인 문제이다. 간화선에서는 대신근(大信根), 대분지(大憤志), 대의단(大疑團)을 제시한다. 이는 곧 신심(信心)과 분심(憤心), 의심(疑心)이다.

의심은 철저한 구도적인 문제의식을 말한다. 불법의 대의나 방편법문으로 제시한 경전의 법문과 선승들의 선문답을 정법의 안목으로 여법하게 참구하는 구도적인 문제의식을 가지고 사유(思惟)하며 참선수행하는 일이다.

분심(憤心)은 구도적인 분발심으로 방일(放逸)하거나 게으름 피우지 않고 발심수행하여 정진(精進)하는 수행이다.『논어』「술이편」에 "학문에 분발하여 음식을 잊는다[發憤忘食]."라고 하며, "분발하지 않으면 계발(啓發)시킬 수가 없다[不憤不啓]."라고 말한 것도 같은 뜻이다.

신심(信心)은 의심(疑心)과 반대의 입장인데, 구도적인

---

23 『卍正藏經』제59책, 418b.

문제(의심)가 해결되어 진여본심을 깨달아 체득한 신심이다.『신심명』에서도 "信心不二"라고 읊은 것처럼, 진여본심에 대한 신심은 중생심의 번뇌 망념과 구도심의 의심이 소멸되고 정법의 안목과 방편의 지혜를 구족한 경지가 되어야 한다.

무자 공안의 참구하는 간화선은 중생심으로 사량분별할 수 없는 진여본심으로 참구하는 수행[不可思量底 思量]이다. 불법의 수행은 여래의 근본에서 여법하게 수행하는 일[如來因地法行]이라고 설한 것처럼, 진여본심으로 조주의 무자 공안을 참구하는 수행인데, 이러한 구도적인 문제의 의심을 일으키게 하는 무자 공안의 사명은 불가사량을 사량(思量)하게 하는 신심[信]이 뒷받침하고 있다. 사실 구도심의 출발점이 이러한 불가사량의 신심을 토대로 하여 발심수행을 하게 된다는 사실은 재언을 요하지 않는다.

대혜 선사도 여러 곳에서 "결정신(決定信)" 혹은 "경정무의(決定無疑)"라고 자주 강조하고 있는데, 결정신은 구도적인 문제의 의심이 소멸된 진여일심을 회복한 신심이며, 돈오견성(頓悟見性)이다.[24]

---

24 『大慧語錄』20권(T. 47894上), 22권(T. 47904下).
　『大慧語錄』19권에 "禪乃般若之異名, 梵語般若, 此云智慧. 當人若無決定信, 又無智慧, 欲出生死,無有是處"(T. 47894上)라고 설하며, 또 24권에는 "決定信而無退轉心"(T. 47912中)이란 말이 많이 보인다.

간화선을 깨달음을 기대하는 수행, 즉 대오선(待悟禪)이라고 비판하는 사람도 있는데, 무자 공안을 참구하는 수행은 중생심의 망심을 차단하는 지혜의 칼이다. 무자 공안을 참구하는 의심(疑心)이나, 의정(疑情), 의단(疑團)은 구도심을 일으키는 문제인 것이다.

공안 참구의 의심이나 의단은 중생심으로 사량분별하는 의심이 아니라, 결정신을 토대로 자아의 본래면목(진여본심)을 회복하는 구도적인 문제(의심)이며, 진여본심으로 참구하는 수행이다. 중생심의 사량분별심을 텅 비우고 순일무잡(純一無雜)한 진여본심으로 발심수행하는 구도심(문제)이다.

공안의 의미는 구도심으로서의 의정, 의심을 일으키는 방편 도구로서의 사명(使命)이며 이 구도적인 문제의 의심이 본래의 불성을 깨닫는 발심수행이 된다.

의심은 본래 신심과는 상반되는 기능이지만, 의심을 깊게 하여 궁극적인 경지에 도달해서 구도적인 문제의 의심과 의정이 타파됨으로써 철저한 신심과 확신이 이루어지는 것이다. 따라서 간화선은 구도적인 문제의 의심을 진여본심의 신심으로 전환시키는 방편수행이다. 구도적인 의심이 없는 결정신[無疑決定信]인 진여본심을 깨달아 체득하는 수행의 전제가 되는 것이 바로 의심이며, 의정이다.

결정신(決定信)을 무의결정신(無疑決定信)이라고도 하

며 일체의 문제의식과 의심을 소멸시킨 철저한 깨달음으로 체득한 확신이다. 이러한 진여본심을 회복하는 철저한 신심이 되기 위해서는 의심도 또한 혼신(渾身)의 의심과 의정이 되지 않으면 안 된다. 그래서 『무문관』 제1칙 조주 구자(趙州狗子) 공안을 제시한 무문혜개(無門慧開)는 "삼백육십 골절(骨節), 팔만사천 털구멍, 온몸[通身]이 한 덩어리의 의단(疑團)이 되어 이 무자 공안을 참구해야 한다."라고 강조했다.[25]

그리고 의심(疑心)과 신심(信心)의 관계는 앞에서 살펴본 본각(本覺)과 시각(始覺)의 관계와 그 구조가 같다고 할 수 있다. 신심, 결정신은 깨달음의 입장으로 본각이며 의심, 의정은 결정신의 본각을 향하는 구도적인 발심으로 시각(始覺)의 입장이라고 할 수 있다.

물론 시각적(始覺的)인 입장에 있는 구도적인 발심의 의심은 본각적인 신심이 전제되는 것이기에 의심이 혼신, 전신으로 본래적이고 본각적인 신심을 향한 돌파구와 추진력을 형성하게 되는 것이다.

그리고 의심, 의정은 자기의 절대적인 긍정(즉 決定信)을 향한 철저한 자기비판이다. 자기의 향상은 끊임없는 자기비판에서 출발하지 않으면 안 되는 것처럼, 불법을 배우고 익히는 수행은 결국 자기비판의 수행이라고 할

---

25 西村惠信 譯註, 『無門關』(岩波文庫本) 제1칙 참조.

수 있다. 간화선의 특징은 공안을 통하여 구도적인 문제(의심)를 일으켜 자신의 본래면목의 지혜생명을 형성하게 하는 추진력을 만들어 주는 점이라고 하겠다.

고칙공안(古則公案)이나 화두는 처음 어록이나 선승의 지시 등 외부로부터 받아들인 문제이긴 하지만, 밖에서 받아들인 공안과 화두로 자기 자신의 내부에서 구도적인 문제(의심)로 일심에 응집되어 의정, 의단이 되었을 때 공안, 혹은 화두는 이제 더 이상 외부적인 것이 아니라 자기 본심의 지혜생명이 된다.

공안 참구로 의정과 의단이 형성되지 못한 수행은 화두를 들고 공안을 참구하는 참된 간화선이 될 수가 없다. 말하자면 간화선 수행에서 의단은 외부적인 문제를 차용하지만 사실은 철저한 자기 자신의 문제가 된다. 화두는 이제 자기 향상의 추진력이 되어 본각에의 돌파구를 이루어 자기의 주체적인 구도의 문제[疑心]가 된 것이다.

화두[公案]를 참구하는 간화선의 구도적인 의심(문제)은 자기가 본래 청정한 부처의 지혜를 구족한 사실[本覺]에 대한 철저한 확신을 재확인하는 자기(自己) 향상(向上)의 응집체(凝集體)라고 할 수 있다. 정법의 안목으로 참구하는 화두의 문제(의심)가 일시에 완전히 해결되었을 때 돈오의 체험으로 철저한 확신이 이루어지는 것이다. 이러한 확신을 대혜도 무의결정신(無疑決定信)이라고 했다.

무자 공안의 참구

무문혜개(無門慧開, 1183~1260)가 『무문관』 제1칙에 조주의 무자 공안을 싣고, 조사의 관문을 뚫고 절묘한 깨달음을 체득하도록 강조하면서 다음과 같이 설한다.

무문이 말했다.
참선은 반드시 조사의 관문을 통과하지 않으면 안 된다. 묘오(妙悟)는 철저히 마음의 의식이 완전히 끊어지는 체험을 해야 한다. 조사의 관문을 뚫지도 않고, 철저하게 중생심의 의식이 완전히 끊어지는 체험을 하지 못하면 모두 초목(草木)에 붙어 있는 정영(精靈)과 같다. 자, 그러면 조사의 관문은 도대체 어떤 것인가? 여기에 제시한 하나의 무자 공안이야말로 종문(宗門)에서 가장 중요한 관문의 하나이다. 그래서 이것을 선종 무문관(禪宗 無門關)이라고 한다. 이 관문을 통과한 사람은 조주를 친견할 수 있을 뿐만 아니라, 역대의 여러 조사들과 손을 잡고 함께 갈 수가 있으며, 조사들과 동등한 경지에서 똑같은 정법의 안목으로 보고, 똑같이 귀로 들을 수가 있다. 어찌 통쾌한 일이 아니겠는가? 자! 여러분 이 관문을 뚫어 보지 않겠는가?
그러기 위해선 360골절, 8만 4천 털구멍을 가지고 몸 전체가 의심덩어리가 되어 이 조주의 무자 공안을 참구하여 밤낮으로 이 문제에 집중해야 한다. 결코 허무한 무(無), 유무(有無)의 무(無) 등으로 이해해서는 안 된다. 마치 벌겋게 타고 있는 쇳덩어리[鐵丸]를 하나 삼킨 것처럼, 뱉을 수도 없는 가운데 지금까지 나쁜 중생심의 지해[知解]를 깨끗이 씻고, 시간이 지남에 따라 점차로 익어져[純熟] 자연히 자기와 대상(세계)의 구분이 없어져 하나가 된다. 마치 벙어리가 꿈을 꾸는 것처럼, 다만 자기 혼자서 맛볼 수밖에 없지만, 그러한 상황을 곧장 타파하게 되면 천지가 놀라는 지혜작용이 드러난다. 마치 관우(關羽) 장군의 큰 칼을 빼앗아 부처를 만나면 부처를 죽이고, 조사를 만나면 조사를 죽이는 힘과 같다. 생사윤회의 언덕에서 대자유를 얻으면 육도사생(四生)의 중생세계에서 유희삼매(遊戲三昧)로 매일 살 수가 있다. 자! 여러분 어떻게 이 무자 공안을 들고 참구해야 하는가? 평생의 기력을 모두 모아서 이 무자 공안을 제시하고 참구하라. 만약 간단(間斷, 끊어짐) 없이 계속한다면 어느 때에 조그마한 불씨를 만나 불법의 등불이 일시에 확! 불붙게 될 것이다.

무문혜개 선사는 대혜가 완성한 무자 공안을 참구하는 간화선을 재천명한 선승이다.

사실 『무문관』에서 조주의 무자 공안을 제일칙에 두고 있는 것처럼, 나머지 47칙의 공안은 정법의 안목과 방편의 지혜를 체득하는 공안으로 제시한 것이다.

　간화선의 수행에 좋은 비유로 자주 회자되는 소염(小
艶)의 시(詩)를 통해서 무자 공안을 실제로 어떻게 참구
하는지 살펴보자. 대혜종고의 스승인 원오극근(圜悟克
勤, 1063~1135) 선사가 스승 오조법연(五祖法演) 선사 문하
에서 시자로 있을 때, 소염의 시로 인하여 깨닫게 된 이
야기는 『원오심요』 권상(卷上)에서도 직접 설하고 있다.[26]
소염의 시는 다음과 같다.[27]

　　一段風光畫難成　　일단풍광화난성
　　洞房深處陳愁情　　통방심처진수정
　　頻呼小玉元無事　　빈호소옥원무사
　　只要檀郎認得聲　　지요단랑인득성

　임을 사랑하는 여인의 마음 그림으로 그릴 수가 없다.
　여인은 방에서 임을 그리워하는 깊은 사랑에 빠져 있네.
　여인은 자주 시녀 소옥이를 부르지만 시킬 일은 없다.
　단지 소옥아! 부르는 자기 목소리를 낭군에게 전하고
　싶은 마음뿐.

───

26　『圜悟心要』 권상 「普賢의 文長老에게 내리는 法語」(Z. 120355a, b).

27　「小艶의 詩」 全文은 『普燈錄』 제28권 「國師三喚 侍者訟」(Z.137200c)
　　에 다음과 같이 전한다. "一段風光畫難成. 洞房深處暢子情. 頻呼小玉
　　元無事. 只要檀郎認得聲." 글자에 약간의 出入이 보인다. 日本 夢窓疎
　　石의 『夢中問答』 卷下(岩波文庫本)에도 수록되어 있다.

소옥이는 양귀비(楊貴妃)의 시녀 이름이다. 양귀비는 담장 밖에 있는 낭군(안록산)에게 자기의 존재와 현재 위치를 전하는 신호로 별 볼일도 없이 시녀인 소옥이의 이름을 자주 불렀다고 한다.

양귀비의 입 밖에로 엉뚱하게 튀어나온 "소옥아!"라는 소리와 임에게 소식을 전하려는 양귀비의 의지를 간화선 수행에서는 무자 공안을 제시한 방편과 진여본심이 무(無)라는 공안의 법음을 자각하는 수행에 비유한다.

안방 깊숙이 앉아 있는 미인이 창밖에 있어 직접 만나 대화를 할 수 없는 낭군의 마음을 확인하기 위해서, 시킬 일도 없는데 시녀 소옥이의 이름을 하염없이 불러 대어 자기의 존재와 소재를 알리고 있는 것이다.

즉, 조주 선사의 무자 공안을 참구할 때 방편의 화두인 "무(無)"라고 제시하는 마음의 소리는 임을 그리워하며 자기도 모르게 튀어나온 "소옥아!"라고 시녀의 이름을 부르는 목소리인 것이다.

그리고 "무(無)"라는 자기의 목소리를 자기 본심의 귀로 자각하여 듣는 것은 "소옥아!"라고 부르는 그 소리를 밖에 있는 낭군이 알아듣도록 하는 방편의 소식이다.

조주의 무자 공안을 참구하는 것은 무자에 어떤 의미가 있어서가 아니다. 양귀비가 시녀 소옥이에게 시킬 일이 있어서 "소옥아! 소옥아!"라고 부르고 있는 것이 아닌 것처럼……

그래서 공안을 남의 집 대문을 두드리는 기와 조각
[敲門瓦子]에 비유했다. 즉, 자기 본래심의 집으로 들어가
기 위한 무자 화두는 대문을 두드리는 기와 조각과 같
다. 본래심의 자기 집 대문을 "무"라는 기와 조각으로 두
드리고 깨달음의 집으로 되돌아가 안신입명(安身立命)의
본분사를 실행하는 일이 간화선 수행에서 공안을 참구
하는 의미라고 할 수 있다.

소염(小艶)의 시(詩)가 풍기고 있는 은유적인 암시가
마치 이러한 공안을 참구하는 간화선 수행의 실천 구
조와 같은 내용을 제시하고 있기에 이를 간화선의 공안
참구에 널리 응용하고 있는 것이다.

이렇게 온몸과 마음이 무자 화두[狗子無佛性話頭]를
참구하는 의심덩어리[疑團]가 되어, 무자 공안과 하나가
되어[打成一片] 무자 공안을 참구하는 발심수행으로 자
기의 진여본심을 깨닫게 된다.

간화선의 공안 공부-간경(看經)과 간화(看話)

정법의 안목을 체득하는 공부는 경전과 어록을 참
구하는 간경(看經), 간화(看話) 공부이다. 수행자들이 불
법의 대의를 깨닫고 정법(正法)의 안목과 방편의 지혜를
구족하도록 제시하는 교육이 선지식의 어록 제창(提唱)

과 상당(上堂), 시중(示衆), 소참법문(小參法門), 선문답 등이다.

간경, 간화의 공부를 통해서 사유하고 방편의 지혜를 체득하는 참선 공부가 사실 간화선의 본질이라고 할 수 있다. 간화선의 좌선수행도 간경, 간화와 선지식의 법문을 깊이 사유하고 관찰하여 불법의 대의를 자기화하기 위한 수행이 되어야 한다.

불교는 석가모니 부처님이 깨달음의 체험을 통해서 제시한 진실된 불법을 배우고 익혀서, 각자가 붓다와 똑같은 지혜와 인격을 구족하기 위해 수행하고 또한 중생구제의 보살도를 전개하는 이타행을 이상으로 하고 있다. 붓다가 밝힌 불법은 45년간 중생교화의 설법을 기록한 대소승 경전에 모두 밝혀 놓고 있다.

붓다가 깊은 선정의 삼매를 통해서 체득한 연기의 법칙이나 인연법, 삼법인과 사성제, 팔정도의 실천 덕목, 육바라밀과 삼학 등의 실천 정신도 모두 대소승 경전에 제시되고 있다.

불교는 제불이 설한 법문을 배우고 익히고 선의 수행과 실천으로 이러한 불법의 정신을 체득하여 지혜와 인격을 형성하고, 중생구제의 보살행으로써 본분사의 삶을 실현하게 한다.

제불여래가 설한 경전과 조사들의 어록을 통해서 간경, 간화의 학습으로 본인이 각자 불법의 정신과 근본

대의를 깨달아 정법의 안목과 방편의 지혜를 체득하는 수행법을 제시하고 있는 것이 간화선이다.

간화선의 참된 의미는 이러한 경전과 조사들이 깨달음을 체득한 선례[判例]인 공안을 공부하고 참구[看]하여 각자가 깨달음을 이룸과 동시에 정법을 바로 볼 수 있는 지혜의 안목(즉 後得智)을 체득하도록 하는 수행인 것이다.

즉, 경전과 어록 등에서 수많은 정법의 안목을 체득한 사례와 판례[公案]를 공부하여 스스로 간접체험을 하고 자신이 정법의 안목을 구족하도록 하는 공부인 것이다.

세상의 매사가 선각자들의 체험과 깨달음으로 제시한 방편의 지혜를 배우고 익혀서 우리들 각자의 실생활에 지혜로운 생활을 할 수 있도록 하는 것과 마찬가지이다.

예를 들면, 자동차의 운전을 배우고 익혀서 생활에 편리하게 이용하는 것이나, 컴퓨터, 전화기, 복사기 등 생활에 필요한 모든 것을 사용하는 방법을 새롭게 배우고 익혀 체득한 후득지(後得智)로써 자신의 일상생활의 지혜를 구족하는 것과 똑같은 것이다.

선불교는 일체의 대소승 경전과 논장, 율장, 그리고 인도의 각 학파에서 주장한 중관사상과 유식사상을 비롯하여 중국의 각종 종파불교에서 찬술하고 있는 논서,

중국 고전과 문학 작품, 그리고 모든 조사들의 선문답과 언행록 등에서 많은 공안(公案)을 채택하여 불법의 대의와 지혜를 체득하도록 하고 있다. 즉 공안을 통해서 사유하고, 사물을 보는 정법의 안목을 어떠한 사건이나 상황에서도 올바르게 체득하도록 문제 제기를 다양하게 하고 있다.

『보림전』 10권, 『조당집』 20권 및 『전등록』 30권 등에 전하는 수많은 선문답(공안)이나, 『벽암록』 100칙, 『종용록』 100칙, 『무문관』 48칙, 고려 시대 혜심(慧諶)이 편집한 『선문염송집(禪門拈頌集)』 30권에 수록된 1125칙 등 많은 공안집에는 대소승 경전의 중요한 내용과 선승들이 불법의 안목을 체득한 좋은 사례의 선문답이 전하고 있다.

송대 간화선의 대성자인 대혜종고가 『대혜서(서장)』, 『대혜보설』, 『대혜어록』 등에서 간화선의 수행 구조가 시각문(始覺門)을 제시하고, 시각(始覺)에서 본각(本覺)으로 되돌아가는 수행 방법으로 오로지 조주의 무자 화두를 참구하여 번뇌 망념의 중생심에서 본래의 진여본심을 회복하고, 불심을 자각하여 돈오견성을 체득하도록 설한 방편이다.

대혜는 『대혜서』에서 증시랑(曾侍郎)과 장제형(張提刑)에게 답하는 글에 운문(雲門) 선사의 수미산(須彌山), 조주(趙州) 선사의 방하착(放下着), 구자무불성(狗子無佛性), 정전백수자(庭前柏樹子), 수산(首山) 선사의 죽비자(竹篦子), 마조(馬祖) 선사의 일구흡진서강수(一口吸盡西江水) 등의 공안을 제시하며 화두를 참구하여 도업(道業)을 이루도록 간화선 공부를 강조하고 있다.

- 『종용록』 제19칙에 어떤 수행승이 "일념의 번뇌 망념이 일어나지 않을 때 어떤 허물이 있습니까?"라고 질문하자, 운문 선사는 "그대의 허물이 수미산(須彌山)과 같다."라고 했다.

- 『조주록』에 어떤 수행승이 "한 물건도 갖지 않을 때 어떻습니까?"라고 질문하자, 조주 선사는 "놓아 버려라[放下着]!"라고 했다. 수행승은 "한 물건도 갖지 않았는데, 무엇을 놓아 버리라고 합니까?"라고 되묻자, 조주 선사는 "그러면 짊어지고 가라!"라고 말했다.

- 『조주록』에 어떤 수행승이 "조사가 서쪽에서 온 뜻이 무엇입니까?"라고 묻자, 조주 선사는 "뜰 앞의 잣나무이다."라고 대답했다.

- 『무문관』 제43칙에 수산(首山) 화상이 죽비(竹篦)를 제시하며 대중들에게 설법했다. "그대들이 이것을 죽비라고 말하면 죽비라는 대상경계에 집착한 것이고, 죽비라고 말하지 않으면 죽비라는 명칭에 위배된다. 그대들은 무엇이라고 하겠는가?"

• 『전등록』제8권에 방 거사가 마조 선사를 참문하고 "만법과 짝이 되지 않은 자는 어떤 사람입니까?"라고 질문했다. 마조 선사는 "그대가 한 입에 서강수(西江水)를 모두 다 삼킨다면 곧 그대에게 말해 주겠다." 방 거사는 마조 대사의 말에 곧바로 불법의 현지를 깨달았다.

대혜는 또 달리 대승불교의 경전과 당대(唐代) 조사들의 어록에서 661칙의 공안을 채택하여 간화선의 수행 교재로『정법안장(正法眼藏)』3권을 편집하였다. 그리고 그가 직접 661칙의 공안을 하나하나 열거하면서 착어와 평창을 붙인 것도 후학들에게 정법의 안목을 점검하고 공안 공부, 즉 간화(看話)를 통하여 정법을 볼 수 있는 안목과 불법의 지혜, 즉 후득지(後得智)를 체득할 수 있도록 선수행의 교재로 편찬한 것이다.

『대혜서』「답(答)장시랑(張侍郎)」에 무구 거사 장구성(張九成)(子韶)이 대혜가 편집한『정법안장』에서 혜충(慧忠) 국사와 대주(大珠) 화상의 법문을 빼야 한다고 주장한 데 대하여 다음과 같이 편집 의미를 밝히고 있다.

내가『정법안장』을 편집할 때 오가(五家) 종파의 법문을 구별하지 않고 운문종, 임제종, 조동종, 위앙종, 법안종의 종지를 구분하여 묻지도 않았다. 다만 올바른 정법의 안목과 지혜로 사람들이 불법의 대의를 깨닫도록 하는 것은 모두 수록하였다. 혜충 국사와 대주 화상과 같은 두 노숙의 선이 여러 중생들을 구제할 수 있다는 사실을 파악했다. 그렇기 때문에 이 두 노숙의 법문을 편입하였고, 이 법문에 맞는 근기의 중생들을 구제하려고 한 것이다.

대혜종고(大慧宗杲)가 편집한 『정법안장』 3권에는 오가 선종 각파 조사들의 어록에서 많은 공안을 제시하고 있다. 이러한 선종의 공안집에 수록된 선문답은 조주의 무자 공안처럼, 본심을 깨닫도록 제시한 방편이 아니다. 경전과 어록에서 설한 다양한 선문답과 깨달음을 체득한 사례, 혹은 판례인 공안을 공부하여 정법의 안목과 방편의 지혜를 구족할 수 있도록 하는 수행 교재인 것이다.

사실 공안(公案)이란 말은 법률 용어로서 판례(判例)이며 사례(事例)인 것이다. 사건의 진실이 밝혀진 체험적인 사례이며 지혜로운 안목의 판례, 즉 깨달음을 체득한 사례와 판례를 모은 기록이라는 의미로 선어록을 공안집이라고 하는 것이다.

고려 시대 수선사(修禪社) 결사(結社)로서 올바른 선수행을 지도한 보조지눌과 혜심이 간화선의 교과서라고 할 수 있는 『대혜서』에 의거하여 조주 무자 화두를 참구하는 간화선을 제창하고 올바른 간화선 수행의 지침서인 『간화결의론』을 저술했다.

또 달리 수행자들이 정법의 안목을 구족하기 위한 교재로서 『육조단경』을 선양하고, 대승경전과 많은 어록과 『전등록』 등에서 1125칙의 공안을 수집하여 『선문염송집』 30권을 편집했다는 사실도 주목해야 한다.

혜심은 『선문염송집』 서문에 다음과 같이 자신의 편집 의도를 전하고 있다.

그러므로 제방의 고승들이 문자를 무시하지 않고 자비를 베풀어 불법을 추궁[徵]하고, 염출(拈出)하고, 대어(代語)로 대답하고, 별도로 법문을 제시하기도 하고, 게송으로 읊기도 하고, 노래로 부르면서 깊은 이치를 드러내어 후대 사람들에게 전해 주었으니, 정법의 안목을 열고 현묘한 선기의 지혜[玄機]를 갖추어, 삼계를 뒤덮고, 4생(四生)의 중생을 건져 주고자 하는 이라면 이 공안의 법문을 버리고서 무슨 방법이 있으랴! (중략)
선법의 이치를 깨닫고 불도를 토론할 자료가 이보다 더 긴요한 것이 없으므로 종문(宗門)의 수행자들이 목마를 때 마실 것을 찾고, 시장할 때 먹을 것을 생각하듯 하였다.

특히 『선문염송집』은 『보림전』의 편집과 마찬가지로

경전 중에서 중요한 법문을 제불여래의 어록으로 간주하여 처음에 싣고, 서천(西天, 인도) 28조, 중국의 6조 및 당송 시대 여러 조사와 선지식, 선승들을 시대별로 배열하여 공안을 편집하였다.

실로 보조지눌과 혜심의 수선사에서 실행된 간화선의 수행과 정법의 안목을 체득하기 위한 공안 공부의 교재로 편집한 것이다.

또한 혜심(慧諶)의 문인인 각운(覺雲)이 『선문염송집』 30권 가운데서 중요한 법문에 다시 설화(說話; 해설·주석서)를 붙인 『선문염송설화』 30권을 편집하였다. 이 책은 『선문염송집』에 대한 일종의 주석서[注疏]라고 할 수 있는데, 『선문염송집』 1125칙에다 각운 347칙을 첨가하여 편집했다.

당대의 옛 조사들의 『보림전』 10권, 『조당집』 20권, 『전등록』 30권과 송대의 대표적인 다섯 종류의 전등록[五燈會元]을 비롯하여, 고려 시대에 선문의 수많은 공안집을 다양하게 편찬한 것은 다양한 깨달음의 체험과 정법의 안목을 선승들의 선문답을 통해서 배우고 익혀 각자 지혜와 안목을 넓고 깊게 하는 판례와 사례로 삼도록 한 것이다.

옛 조사들과 선각자의 선문답(공안)은 다양한 사건과 방편지혜로 후득지(後得智)를 체득하여 정법의 안목을 넓히고 사상을 심화시키는 교재이다. 즉, 다양한 방편법문을 통해서 우리들의 일상생활 속에서 펼쳐지고 있는 상황이나 사건(일)에 대하여 정법의 안목으로 판결(공안)하고, 방편의 지혜로 치료할 수 있는 능력을 갖추는 공부이다. 선승들의 많은 어록과 공안집은 정법의 안목으로 방편의 지혜를 구족하는 선불교의 기본 교재로서 편집된 것이다.

다양한 사례의 선문답(공안)을 통하여 다양한 불법의 안목을 구족해야 자신의 일상생활 중 매사를 정법의 안목으로 살아갈 수 있을 뿐만 아니라 다양한 사건과 고뇌에 허덕이는 중생들을 올바른 정법의 안목으로 구제할 수 있기 때문이다.

그래서 송대 이후의 선원에서는 무자 공안을 참구하는 좌선수행 이외에 선지식의 정기적인 상당법문과 수시로 실행되는 소참법문, 그밖에도 『임제록』, 『벽암록』, 『무문관』, 『종용록』 등의 공안집을 교재로 하여 조실스님이 특별히 납자들의 안목을 열어 주고 불법사상과 방편지혜를 구족하도록 어록 제창(提唱; 강의)이 실행되고 있다.

무자 공안이 중생심에서 진여본심을 회복하게 하는 신심(信心)수행의 방편법문이라면, 간경(看經)·간화(看話)의 어록 공부는 정법의 안목을 구족하고 수많은 방편지혜를 체득하여 중생의 심병을 치료할 수 있는 능력을 구족하는 방편수행이다.

정법의 안목과 방편지혜를 구족해야 지금 여기, 시절 인연에 따른 자기 본분사의 일을 창조하고 건립할 수가 있다.

붓다의 설법을 8만 4천 법문이라고 말하는 것은 중생의 번뇌가 8만 4천 개나 되기 때문이며, 수많은 중생들의 번뇌(고뇌)병을 치유하기 위해서는 8만 4천 개나 되는 다양한 방편법문으로 제시할 수 있는 처방약이 필요한 것이다.

● 『무문관』 제23칙
: 불사선악(不思善惡) 공안

육조는 "선도 생각하지 말고, 악도 생각하지 말라. 선악을 모두 함께 생각하지 않았을 때 어떤 것이 혜명 상좌 그대 본래면목인가?"라고 질문했다. 혜명 상좌는 이 법문을 듣고 곧바로 대오했다. (祖云, 不思善, 不思惡. 正與麽時, 那箇是 明上座 本來面目. 明當下大悟.)

선수행을 통해서 선악을 어떻게 함께 생각하지 말아야 하는가?

공(空)의 사상과 실천을 강조하는 대승불교의 반야사상과 진여법을 설하는 불성(여래장)사상, 이러한 대승불교의 근본 사상을 깨달아야 정법의 안목과 방편의 지혜를 구족할 수가 있다. 참선수행은 대승불교의 법문을 깨달아 체득하는 구체적인 실천수행이다. 정법의 안목이 없는 수행자는 이 공안에서 제시한 문제의 핵심을 파악할 수가 없기 때문에 어떻게 참구해야 할지 참선수행법도 모른다.

선악(善惡), 범성(凡聖), 미추(美醜) 등 일체의 상대적인 분별심, 차별심, 중생심의 번뇌 망념을 초월하여 진여본심을 깨닫게 하는 실천 방법을 이 공안에서 제시하고 있다.

선악의 상대적인 차별심을 없애 버리려고 해서도 안 된다. …… 중생의 조작심, 작위성과 차별심에 타락한다. 악을 버리고 선으로 나아가려고 해서도 안 된다. …… 취사(取捨) 선택의 분별심에 떨어진다.

그냥 내버려 두는 것은 수행이 아니다. …… 수행 포기[放棄], 무기(無記), 몰자각(沒自覺), 자기상실(自己喪失), 흑산귀굴(黑山鬼窟)의 삶이다. 번뇌의 망념 속에 살면서 그 속에 살고 있다는 사실조차도 모르고 멍청하게 살게 된다.

이 공안을 통해서 선악에 대한 상대적인 차별심(중생심)을 초월하는 중도(中道)의 구체적인 실천 방법을 알아야 해결할 수가 있다. 선악의 상대적인 차별심을 함께 비우는 공의 실천과 반야바라밀의 실천 방법을 모르고는 올바른 불법의 정신을 체득할 수가 없는 것이다.

먼저 자신이 정법의 안목으로 선악, 범성 등의 차별, 분별, 번뇌 망념 속에 떨어져 있다는 사실을 자각해야 한다. 자신의 심병(心病)을 직시해야 한다. 선악, 범성 등의 차별, 분별의 번뇌 망념이 일어났다는 사실을 자각했을 때[念起卽覺], 일체 번뇌 망념은 없어지고[覺之卽失] 본래의 본심[佛性]으로 되돌아가게 된다. 망념의 자각은 시각(始覺)의 발심으로 공(空)의 경지가 되고, 본성을 회복하는 정각은 본각(本覺)으로 진여본심의 지혜[不空]이다. 선악을 모두 함께 텅 비우는 수행은 발심수행으로 진여본성을 깨달아 체득하는 돈오견성, 견성성불이다.

정법의 안목으로 번뇌 망념을 자각하고, 진여본심으로 되돌아갈 때, 선악을 모두 함께 생각하지 않고, 번뇌 망념을 텅 비우는 공의 실천으로 일체를 초월하여 진여본성을 깨달아 체득할 수가 있다.

선악과 범성 등의 상대적인 차별심, 분별심을 모두 한꺼번에 생각하지 않는 구체적인 실천 방법은 발심수행으로 사량분별심이 일어나기 이전의 본심으로 되돌아가는 길뿐이다.

선어록에 '본래의 근본으로 되돌아간다.'라는 의미의 수행을 '환귀본처(還歸本處)', '귀가온좌(歸家穩坐)', '안신입명처(安身立命處)'라고 표현하는 것처럼, 본래 마음의 고향으로 되돌아가는 길(방향)과 구체적인 수행 방법과 실천 방법을 모르고는 깨달음의 경지를 체득할 수가 없다. 경전과 어록은 깨달음을 체득하는 그 방향과 방법을 안내하는 정법의 이정표이다. 경전과 어록의 방편법문에 의거해야 정법의 안목과 여법한 수행을 할 수가 있다.

선악, 범성 등의 차별, 분별심, 번뇌 망념의 자각을 통해서 중생심에서 각자 근원적인 본래심으로 한 생각의 자각으로 불심과 상응하고 계합하는 일념상응(一念相應)을 돈오, 혹은 돈오견성이라고 한다.

종색의 『좌선의』에 선수행의 기본이 되는 다음과 같은 중요한 일단이 있다.

一切善惡 都莫思量　　일체선악 도막사량
念起卽覺 覺之卽失　　염기즉각 각지즉실
久久忘緣, 自成一片　　구구망연 자성일편
此坐禪之要術也.　　　차좌선지요술야

일체의 선과 악을 모두 한꺼번에 사량분별하지 말라.
망념이 일어나면 망념이 일어난 그 사실을 자각하라.
망념이 일어난 그 사실을 자각하면 망념은 없어진다.
이렇게 오래오래 수행하여 대상경계의 반연이 없어지면,
자연히 나와 경계가 하나가 된다.

이것이 좌선수행의 긴요한 비결이다.

선악, 범성 등 일체 차별심과 상대적인 분별심을 초월하여 각자 본래 불(佛)을 자각(견성)하도록 구체적인 실천 방법을 제시하고 있다. 즉, 번뇌 망념의 괴로움에서 해탈하여 근원적인 불성을 깨닫고, 열반적정의 경지를 체득하는 좌선수행의 실천 방법이다.

이러한 좌선수행의 실천 방법은『대승기신론』,『신회어록』,『임제록』,『도서』등 조사선의 좌선 실천 정신을 계승한다. 이는 송대의 묵조선 수행의 기본 정신이고, 모든 좌선수행의 기본이 된다.

간화선에서는 망념이 일어난 사실을 자각하면, 곧바로 무자 공안을 참구하여 일체 번뇌 망념을 초월하고 본래의 불심을 자각하도록 하는 수행법으로 재편하였다.

● 『벽암록』제45칙
: 만법귀일 일귀하처 공안

"만법은 하나로 돌아가고, 그 하나는 어디로 돌아가는가[萬法歸一 一歸何處]?"라는 공안을 이해하기 위해서는 먼저 불법(佛法), 만법(萬法), 제법(諸法), 일체법(一切法), 선법(禪法) 등 불법이 뭐고 법(法)은 무엇인지 정확하고 확실하게 잘 알아야 한다.

불교는 법의 종교라고 할 수 있다. 불법은 진여 일심이 지혜로 작용하는 심법(心法)이다. 마음 밖에서 깨달음이나 불법, 해탈 열반을 구하는 것은 외도이다.

불법의 근본정신과 정법의 안목이 없는 사람은 이 공안의 의미와 여법한 수행을 실천할 수가 없다.『화엄경』등 대승경전에서 설하는 '삼계유일심(三界唯一心)', '심외무별법(心外無別法)', '일체유심조(一切唯心造)', '만법즉일심(萬法卽一心)', '일심즉만법(一心卽萬法)'이라는 법문처럼, 일체의 만법(萬法)은 모두 일심(一心), 즉 이 마음의 작용으로 나타난 것이다.

『육조단경』,『마조어록』등에서도 심지법문(心地法門)의 삼학을 설하고 있는데, 중생심으로는 수행이 불가능하기 때문에 진여 일심으로 발심수행과 방편수행을 해야 한다.

만법이 하나[歸一]로 되돌아간다고 하는 그 하나[一]는 무엇인가?

일법(一法)과 만법의 관계는『화엄경』에서 "일즉다 다즉일(一卽多 多卽一)", "일미진중함시방(一微塵中含十方)",『신심명』의 "만법일여(萬法一如)", 진여 일심의 지혜는 법계(法界)와 하나[一相]라고 설한 유심(唯心)의 법문이다.

먼저 불교에서 말하는 만법과 일심법(一心法)의 체계를

이해하지 않고서는 이 공안에 접근할 수가 없으며, 선불교의 실천 구조와 대승보살도의 실천 정신을 모르고 이 공안이 제시한 안목을 체득하는 것은 불가능하다.

법이란 무엇인가? 인(因)과 연(緣)의 결합으로 이루어진 존재(사물 혹은 생각, 망염)를 말한다. 이러한 사실이 진실인 것이며, 또한 진실된 법은 물이 위에서 아래로 흘러가는 것처럼, 여법하게 불변의 법칙성을 지니고 있다.

만법은 일체의 모든 법을 말한다. 이 세상에 존재하는 모든 것은 인연법으로 이루어진 것이기 때문이다. 이러한 만법이 하나로 돌아간다고 하는데 어째서 하나로 돌아가는가?

하나[一]로 되돌아간다고 할 때의 하나는 무엇을 의미하는가? 어디를 말하는가?

이 문제는 선불교의 깨달음을 체득하는 수행 구조를 알아야 한다.

불교에서 의미하는 하나[一]는 근본, 본래, 근원, 절대의 경지, 깨달음의 세계, 진실의 세계, 차별 분별을 초월한 본래의 진여 일심을 말하며, 『반야경』에서는 여여(如如), 불이(不異), 불이(不二)의 경지라고 설한다.

『유마경』 등에서 설하는 제일의제(第一義諦)나 『기신론』의 진여, 만법일여 등으로 표현되는 근본으로, 각자의 근원적인 본래의 일심이다. 만법은 일심을 나타낸 것이라는 만법유심(萬法唯心)과 일체유심조(一切唯心造)의 사상을 토대로 하고 있기 때문이다.

그런데 그 하나는 또 어디로 돌아간다는 것인가[一歸何處]?

이 문제를 이해하기 위해서는 불교의 근본 대의와 보살도의 사상을 잘 알아야 한다.

선어록에서 자주 언급되는 "백척의 장대 끝에서 다시 한 걸음 더 나아가야 한다[百尺竿頭進一步]."라는 법문과 같이 수행을 통한 절대 깨달음의 경지[一]를 체득한 사람은 또 어떻게 해야 하는가? 그 깨달음의 경지에 머물 것인가? 깨달음의 경지를 체득하기 어렵다고 해서 그곳에 머문다면 그곳이 또 집착의 대상이 되고, 깨달음의 대상경계에 타락하는 장소가 되고 만다.

선에서는 이를 "깨달음의 함정에 빠진[向上一竅]" 법신의 선병(禪病)으로 비판하고 있다

그래서 『반야경』에서는 번뇌 망념을 텅 비우는 공(空)의 실천으로 반야의 지혜를 체득하는 구체적인 수행으로 제시한 무주(無住), 무박(無縛), 무상(無相), 무애(無碍), 무아(無我) 등을 한결같이 강조한다.

그렇다면 그 깨달음의 경지를 어떻게 벗어나 어디로 가야 할 것인가? 선에서는 크게 한번 죽어야 한다는 '대사일번(大死一番)'을 강조하고 있다. 죽는다는 말은 아상(我相), 인상(人相) 등 자아의식의 중생심과 의식의 대상경계에 집착하는 망념을 모두 텅 비워야 한다[我空, 法空]

는 의미이다.

『임제록』에 나오는 "부처를 죽이고 조사를 죽이고[殺佛殺祖]"라는 말이나, "사람을 죽이는 칼과 살리는 칼[殺人刀 活人劍]"이라는 표현은 공의 실천으로 체득한 반야의 지혜(칼)로 중생심의 번뇌 망념을 텅 비운다는 의미이다. 죽인다는 표현은 향상의 발심수행으로 번뇌 망념의 중생심을 텅 비우고 진여 본심의 지혜를 체득한다는 말이다.

깨달음의 경지[一]까지 초월한다는 것은 어떻게 어디로 간다는 말인가? 다시 중생의 사바세계에서 제불여래의 불지견(佛知見)으로 중생의 심병을 진단하고 치료하는 설법으로 시절인연의 본분사(일대사)를 실행하는 일이다.

깨달음을 체득한 부처는 무엇을 해야 하는가? 부처는 중생들에게 지혜와 자비 광명의 보살도를 실현함으로써 부처로서 본분사를 실행하는 일이다. 견성성불은 깨달음을 이룬 부처로서 중생구제를 실현하는 보살도를 의미하는 말이지, 깨달음을 이룬 상태에 머물고 있는 것이 아니다.

이러한 대승불교의 정신을 하화중생(下化衆生)의 이타행(利他行)이라고 한다. 『십우도』에서는 중생이 살고 있는 저잣거리에 나아가 자비와 지혜의 광명을 베푸는 보살행으로 '입전수수(立廛垂手)'라고 하며, '법계유희(法界遊

戲)'라고도 표현한다. 깨달음을 이룬 부처의 역할은 중생세계로 되돌아와 중생과 함께 '화광동진(和光同塵), 동사섭(同事攝)'으로 원력행의 자기 본분사를 보살도로 실행하는 것이다.

만법귀일 일귀하처(萬法歸一 一歸何處)의 공안처럼, 선문답의 공안은 하나하나의 선문답에 대승불교의 모든 실천 정신을 함축하여 일상의 대화 속에서 불법의 정신을 체득하고, 실천수행을 할 수 있도록 설한 법문이다.

이러한 대승불교의 정신과 실천사상을 모르고는 한마디로 단순하게 보이는 선문답을 이해할 수가 없고, 정법의 안목을 체득할 수가 없다. 또한 수많은 선승들이 한 생애를 걸고 불법수행의 길에서 정진하고 있지만, 불법의 대의를 체득하여 정법의 안목을 구족하고 일상생활 속에서 선문답으로 방편의 지혜를 제시할 수 있는 능력을 갖추지 못한 사람은 시절인연의 자기 본분사를 실행할 수가 없다.

● 『벽암록』 제6칙
: 일일시호일(日日是好日) 공안

운문 선사가 "날마다 좋은 날[日日是好日]"이라고 설한 한마디는 생활종교인 선불교의 정신을 잘 제시하고 있는 공안이다.

어느 날 운문 선사가 설법했다. "15일 이전은 문제로 삼지 않겠다. 15일 이후에 대하여 한마디 해 보라!" 대중이 대답이 없자 운문 선사가 스스로 "날마다 좋은 날[日日是好日]"이라고 말했다.

여기서 운문의 일일시호일을 그냥 단순히 "날마다 좋은 날"로 이해한다면 운문의 정신과 선불교의 실천을 모르는 것이다.

사람은 누구나 항상 날마다 좋은 날이 되고 있는가?

날마다 좋은 날이 되지 못한다면 어떻게 해야 좋은 날이 될 수 있는가?

사실 운문의 설법은 선수행과 선의 생활을 통해서 '날마다 좋은 날'이 되고, 또한 그렇게 되도록 해야 한다는 자각적인 교시를 제시하는 공안이다.

그러면 어떻게 해야 날마다 좋은 날이 될 수 있는가? 좋은 날이 될 수 있는 구체적인 실천수행과 그 방법을 알지 못한다면, 이 공안을 읽는 것이 아무런 의미가 없다.

15일 이전과 15일 이후는 한 달을 반으로 나눈 날짜이며, 운문은 15일 상당법문을 하면서 이 문제를 제시했다.

한 달은 하루하루의 연속이다. 하루는 24시간이라고 하지만 시간을 쪼갤 수는 없다. 사실 시간은 존재하지 않는데, 하루도 지금이라는 시간의 연속인 것이다. 따라서 하루를 좋은 날로 만드는 구체적인 방법은 지금이라는 시간을 좋은 시간으로 만드는 방법뿐이다.

지금을 좋은 시간으로 만드는 것은 주체의 자각과 자기 자신의 삶을 통해서이다.

누가, 언제, 어디서, 무엇(무슨 일)을 어떻게 하면서 날마다 좋은 날로 만들 것인가?

지금 여기서, 자기 자신이 본심으로, 자신이 해야 할 일을 통해서 좋은 생활을 만드는 것이다. 각자가 지금 여기서 해야 할 절박한 자신의 일을 통해서 좋은 하루를 만들어 가야 하는 것이다.

지금 여기서 해야 할 자기 자신의 일이란 무엇인가?

사실 인간의 깨달음의 생활은 지금 여기 자신의 일을 통해서 이루어진다. 임제는 이러한 진인(眞人)의 삶을 "곳에 따라 깨달음을 체득한 본래인으로서 주인이 되면 자신의 모든 삶이 그대로 깨달음의 세계가 된다[隨處作主 立處皆眞]."라고 강조한다. 인간이 살고 있는 지금 여기, 사바세계라는 공간을 깨달음의 세계로 만들 수 있는 주체는 자기 자신이기 때문이다.

순간순간 호흡을 내쉬고 들이쉬는 일이 귀중한 생명의 활동이며, 행주좌와 어묵동정(行住坐臥 語黙動靜), 그리고 일상생활의 매사(每事)뿐만 아니라, 순간순간 마음속에서 일어나는 한 생각 한 생각[念念]의 모든 일[每事]과 자기의 모든 삶의 일을 말한다. 생사대사의 일대사

(一大事)란 사실 지금 여기 마음속에서 일념 일념[念念] 깨달음으로 전개하는 자기 자신의 자각적인 일인 것이다.

또한 육체 활동하는 생산 노동의 일이나 생계를 유지하기 위한 일(직업)은 자신의 건강한 삶을 지혜의 작용으로 나누는 보살도의 이타행인 동시에 그것을 통해 생활과 경제적인 안정을 얻을 수도 있다.

사실 인간은 일을 통해서 성장한다. 입신출세(立身出世)나 일대사 인연, 혹은 자기 본분사도 지금, 여기, 시절 인연에 따른 자기 본분사(일대사)의 일을 통해서 이룰 수 있는 것이다. 그리고 인간은 지금 여기, 자신의 일을 통해서 육체적·정신적·사회적으로 지혜롭고 건강한 보살행을 할 수가 있다.

이상 몇 가지 공안을 통해서 선문답의 내용을 참구하고 사유하며 불법의 대의를 체득하는 방법 등을 살펴보았다.

이와 같이 모든 선문답은 뜻을 알 수 없는 대화가 아니라 대승불교의 사상과 보살도의 실천 정신에 기초(토대)를 두고 있으며, 불법의 정신을 체득한 선승들이 지금 여기, 자기 일에서 구체적인 생활의 방편지혜로 전개하는 안목을 제시하고 있다.

중국의 선승들이 인도에서 전래된 불교를 인간의 구

체적인 일상생활 속에서 대화를 통해서 실천수행할 수 있도록 궁구하고 창안한 방편법문이 선문답이다.

인도에서 전래된 불교가 중국의 대지 위에서 구체적인 생활의 종교로 정착된 것은 당대(唐代)의 조사들이 경전의 정신을 철저히 자기화하고 생활화하여 좌선과 선문답, 노동 등 구체적인 일상생활 속에서 지혜로운 삶과 인격적인 보살도를 실현한 것이며, 선문답과 어록은 그러한 삶을 살다간 선승들의 생활 기록이라고 할 수 있다.

대승불교 경전에서 설하고 있는 자각의 주체인 불성사상과 무주(無住)나 무상(無相), 무박(無縛) 등으로 표현하는 반야의 공사상을 완전히 체득하여 구체적인 일상생활 속에서 불법의 정신을 실천하고 생활화하도록 제시된 선불교의 정신을 이해할 때, 선문답인 공안을 통해서 선불교의 수행과 실천 방법 등을 깊이 있게 파악할 수가 있다.

당대 선승들의 선문답을 읽고 불법의 대의를 체득하는 공부를 간화선이라고 한다. 불법의 대의를 체득하기 위해서는 반드시 두 가지 요소가 필요하다.

첫째, 외부 인연은 불법의 대의를 언어문자로 기록한 자료이다. 불법의 정신을 언어문자나 법문으로 제시한 진실의 표현인 기연(機緣)이 있어야 한다. 불법의 대의를 기록한 말씀이나 설법이 언어문자로 기록된 법문(경전과 어록)이다.

둘째, 진여본심으로 여법하게 참구하는 사유(思惟)이다. 경전과 어록의 말씀을 보고 듣고 읽고 언어문자로써 제시한 불법의 대의를 깊이 사유하여 본인이 직접 체득하는 것이다. 참선수행은 경전과 어록의 말씀을 깊이 성찰하고 참구하는 것을 말한다.

불법 공부는 경전을 읽는 간경(看經)과 어록을 읽는 간화(看話)의 수행으로 불법의 대의를 체득하고 정법의 안목을 구족하는 공부이다. 즉 간화선은 선문답의 대화[機緣]를 읽고 그 대화의 내용을 깊이 참구하여 불법의 대의와 지혜를 체득하는 공부인 것이다.

경율론 삼장(三藏)과 어록의 법문을 먼저 언설과 방편문자를 통해서 읽고 진여법에 의거하여 깊이 사유하고 성찰하면서 그 법문의 의미를 깨닫고 자신의 방편지혜로 체득해야 한다. 이러한 간경수행을 의식을 전환하여 지혜를 체득하는 전식득지(轉識得智)라고 한다.

불법의 계율 조목과 정신, 경전의 사상과 불법의 대의를 완전히 자기 자신의 지혜로 체득해야 여법한 불교적인 인격과 지혜로운 보살도의 삶을 구체적인 일상생활 속에서 실천할 수가 있다.

이러한 간화선의 수행 방법은 중국 한나라 시대[漢代]

에 관리의 등용시험(과거)에 정치나 경전의 의미 등에 관한 문제를 제시하여 수험자들이 자신의 견해를 제시하도록 지시한 방법과 비슷하다. 수험자들은 대나무에 적힌 문제를 앞에 놓고 깊이 사유하며 대책(對策)을 강구하여 그 자신의 견해를 제출했다고 한다.

『대혜서(서장)』에 제시하고 있는 동산(洞山) 선사의 마삼근(麻三斤), 조주 선사의 구자무불성(狗子無佛性) 화두와 정전백수자(庭前柏樹子), 그리고 어떤 수행승이 "어떤 것이 제불의 출신처입니까?"라는 질문에 운문(雲門) 선사가 "동산이 물위로 간다[東山水上行]."라고 대답한 공안은 불법의 대의와 방편법문으로 사유하고 참구해야 한다.

즉, 불법의 대의와 불성사상, 반야사상, 반야바라밀의 실천 방법, 법신, 법계, 불심과 중생심, 불성과 유식, 진심(眞心)과 망심(妄心), 공사상과 중도철학 등 정확한 불법의 근본 사상과 언어 개념을 확실하게 이해하지 못하면 여법하게 사유하고 참구할 수가 없다.

또한 선승들의 선문답으로 제시한 선기(禪機)의 대화는 독자적인 논리와 독특한 선어(禪語)와 지시대명사, 은유(隱喩)적인 표현법을 많이 사용하고 있는데, 이러한 선승들의 대화법을 잘 파악해야 선문답에서 제시한 문제의 내용을 이해하고 참구할 수가 있다.

『대승기신론』에서 진여법이 지혜로 작용하는 구조를 발심수행으로 중생심의 망념을 텅 비운 공과 진여본심이 지혜로 작용하는 묘용을 불공(不空)으로, 즉 진공묘유(眞空妙有)로 설한다.

선에서는 향상의 구도적인 발심과 보리심을 파주(把住), 살인도(殺人刀)라고 하고, 향하의 자비심을 방행(放行), 활인검(活人劍)이라고 하며, 제불 여래의 지혜(본래면목)를 '피(彼), 타(他), 거(渠)'라고 지시하며, 지금 여기, 자기 본분사의 일을 지저시(只這是), 저개(這箇), 저개시(這箇是), 차사(此事), 개사(箇事) 등으로 표현하고 있다. 선어록에서 설하는 선어를 알지 못하면 선문답을 이해할 수가 없다.

간화선의 공안 참구는 마치 수학의 공식을 사용해서 어려운 문제를 푸는 방법과 같다. 고등 수학 문제를 풀기 위해서는 수학의 모든 기호와 용어, 방정식과 수학의 모든 원리를 정확하게 이해하고, 많은 공식을 잘 응용할 수 있어야 올바른 해답을 찾아낼 수 있는 것이다.

공안 참구도 이와 같이 반야의 지혜와 불성사상을 완전히 체득한 수행자가 선문답의 방편법문을 파악하고 불법의 대의와 정법의 안목을 구족하도록 하는 공부인 것이다.

선의 전법—정법안장의 부촉

선의 전법

중국의 선불교에서는 스승이 불법(佛法)을 깨달은 제자를 인가(印可)하고 마음과 마음, 즉 이심전심(以心傳心)으로 정법을 전하는 전법(傳法)의 사실을 중시한다. 선의 교육과 사자(師資)의 전등법계는 이러한 전법의 사실과 역사로 이루어졌다.

중국의 선불교에서 이러한 이심전심의 전법 전통을 전등[傳燈, 등불(=法)을 전하다]이라고 하며, 이러한 전법의 역사는 인도의 석가모니불이 마하가섭에게 이심전심 교외별전으로 전한 정법안장의 부촉(付囑)에서 비롯된 것이라고 강조한다.

따라서 선의 전법은 붓다의 정법을 계승한 정법의 역사를 스승이 제자에게 부촉하여 끊임없이 전승되어 온 전법의 역사를 말한다.

석가모니불이 마하가섭에게 이심전심으로 교외별전한 정법안장(正法眼藏)의 부촉은 801년에 저술된, 당대(唐代) 조사선의 성립을 기념하는 조사선의 전등 계보인 『보림전(寶林傳)』에서 최초로 설해졌다.

> 석가모니 부처님이 마하가섭에게 "나의 청정한 법안(法眼)과 열반묘심(涅槃妙心)과 실상(實相)은 무상(無相)인 미묘한 정법을 이제 그대에게 부촉한다. 그대는 반드시 잘 호지(護持)하도록 하라!"라고 설했다. 그리고 이어 아난(阿難)에게 명령하기를 "(너는 가섭의) 전법(傳法)과 교화를 도와서 (정법이) 단절되지 않도록 하라!"라고 했다. 또한 부처님께서는 마하가섭에게 거듭 게송으로 다음과 같이 설법했다. "법은 본래 무법(無法; 空)을 法으로 한다. 무법(無法; 空)의 법 또한 법인 것이다. 지금 무법(無法)의 법을 부촉할 때, 법과 법이 어찌 또한 법이 될 수가 있으랴[法本法無法, 無法法亦法, 今付無法時 法法何曾法]."

여기에 석존이 제자인 가섭에게 정법안장의 부촉과 이러한 전법의 사실을 증명하는 전법게(傳法偈)를 전수하여 이심전심(以心傳心)으로 교외별전(敎外別傳)한 전법의 사실을 분명하게 밝히고 있다.

또 『보림전』 제1권 「대가섭장」에도 다음과 같이 정법안장을 부촉한 기록이 보인다.

그때 세존이 아직 열반(涅槃)에 들기 전에 항상 제자인 마하가섭에게 "나의 청정한 법안과 열반의 묘심(妙心), 실상이 무상(無相)한 미묘한 정법을 이제 그대에게 부촉한다. 그대는 이 법을 잘 유포하여 단절되지 않도록 하라!"라고 했다. 가섭은 공경히 받들고 유연히 정법을 이어 받았다. 『열반경』에 "그때 세존이 열반에 들려고 할 때 가섭이 법회[會中]에 있지 않았다. 부처님께서는 여러 대중에게 가섭이 올 때까지 정법안장을 선양하도록 하라!"라고 했다. 아울러 아난에게 "(가섭과) 더불어 교화를 하고 법을 전하도록 하라!"라고 말했다.

조사선의 전법 계보를 완성한 『보림전』은 석가모니 부처님이 입멸하시기 전에 마하가섭에게 정법안장을 부촉한 그 사실을 강조하고 있으며, 또한 부처님의 정법안장은 서천(西天: 인도) 28조, 동토(東土: 중국) 6조의 역대 조사들에 의해서 끊어지지 않고 면면히 계승되고 전래되어 왔다고 하는 선종의 정법 상승의 역사를 강조하고 있다.

여기서 인용하고 있는 『열반경』의 말은 법현(法顯)이 번역한 『대반니원경(大般泥洹經)』 제2권에 "비구들이여! 마땅히 알라. 여래의 정법은 대가섭에게 부촉되었다. 대가섭은 마땅히 너희들의 귀의처가 되리라! 또한 널리 일체 중생을 구제하고 보호하는 것이 마치 부처님과 같아 조금도 다르지 않다."(『대정장』 제12권 862a-b, 899c)라고 설하는 일절에 의거한 것이다.

물론 이와 같은 내용은 담무참(曇無讖)이 번역한 『열반경』 제2권(T. 12-377c)에도 보이며, 또 『증일아함경』 제35권에도 석가모니 부처님이 가섭과 아난 두 제자에게 법보(法寶)를 부촉하면서 단절되지 않도록 당부하는 말도 전한다.

그러나 『열반경』에서는 가섭에게 정법의 부촉을 말하고 있지만, 『보림전』에서 인용하고 있는 것처럼 정법안장(正法眼藏)을 부촉했다는 기록은 보이지 않는다. 즉 『보림전』에서는 『열반경』 등 경전의 말을 빌려서 석가모니 부처님이 입적하시기 전에 마하가섭에게 정법안장을 부촉한 사실이 실제 경전에서 주장한 말처럼 역사적인 사실임을 확신시켜 주기 위해서 인용하고 있음을 알 수 있다.

사실 석가모니 부처님이 가섭에게 정법이나 법안, 혹은 정법안을 부촉하였다는 말은 여러 대소승의 경전에 많이 보이고 있다. 또 중국에서 만들어진 『부법장인연전

(付法藏因緣傳)』 등에도 많이 강조되고 있다. 그러나 석가모니 부처님이 가섭에게 정법안장을 부촉하고, 이러한 사실을 입증하는 전법게를 전수했다는 이야기의 확실한 근거를 제시한 자료는 『보림전』이 최초이다.

『부법장인연전』 제1권 「가섭장」에는 불타의 입멸 후 가섭이 "우리들은 마땅히 법안을 결집해야 한다. 정법의 등불이 빨리 소멸하지 않게 하고, 미래세에 널리 밝게 비치게 하며, 삼보를 계승하고 융성하여 단절되지 않도록 해야 한다."(『대정장』 제50권, 299a)라고 강조하고 있다. 또 그 밖의 여러 곳에서도 법안(法眼)의 부촉에 대한 기록이 보인다. 이러한 『부법장인연전』의 기록에 의거하여 『역대법보기(歷代法寶記)』는 다음과 같이 전법을 강조하고 있다

> 『부법장전(付法藏傳)』에 의하면 석가여래는 입멸한 뒤에 법안을 마하가섭에게 부촉했다. 가섭은 아난에게 부촉하고, 아난은 말전지(末田地)에게 부촉하였다. (『대정장』 제50권, 180a)

즉, 『부법장인연전』의 기록을 근거로 하여 인도 29대, 동토 6조의 전법 상승을 강조하고 있다.

『보림전』에서는 정법안장의 부촉과 인도, 중국의 법통설은 대소승 경전과 초기 중국불교의 문헌에서 설하

고 있는 법장(法藏), 혹은 법안(法眼)의 부촉설을 계승하고 있다. 그러나 『보림전』은 석가모니 부처님이 마하가섭에게 이심전심으로 교외별전한 불법의 핵심 대의[極意]인 정법안장을 부촉한 그 사실의 주장과 더불어 그러한 사실을 증명하는 전법게를 첨가하여 새로운 선종의 전등 법통의 역사를 확립했다.

정법안장의 부촉

석가모니불이 마하가섭에게 이심전심(以心傳心)으로 교외별전(敎外別傳)한 정법안장(正法眼藏)의 부촉이란 도대체 무엇을 의미하는 것이며, 그 내용은 무엇인가?

정법안장이란 올바른 불법의 진실된 이치를 깨닫고 정법(正法)을 볼 수 있는 안목을 구족[藏]한 제자를 스승이 인가하고 불법의 장래를 당부한 것이라고 하겠다. 즉, 정법이란 석가모니 부처님이 정각을 이루어 깨친 불법(佛法; 진여법)을 말하는 것이다. 대승불법의 대의를 깨닫고 제법 실상법(實相法)이 지혜생명으로 작용하고 있는 진실한 법계를 여법하고 올바르게 볼 수 있는 지혜의 눈[眼目], 정안(正眼), 법안(法眼)을 구족하는 일이다.

법안이나 정법안(正法眼)이란 일체법을 여법하고 여실하게 볼 수 있는 지혜의 안목을 말한다.

『법화경』「방편품」에 제불세존은 오직 중생들에게 정법을 개시(開示)하여 여법하게 깨달아 증득(悟入)하게 하며, 또한 제불 여래와 똑같은 불지견(佛知見)을 구족하도록 설법하는 일대사 인연으로 사바세계에 출세한 인연을 설한다.[28]

사실 조사선에서 스승에 제자에게 이심전심으로 정법안장을 부촉한다고 설한 법문은 『법화경』에서 제불세존이 일대사 인연으로 설한 불지견의 법문을 계승한 것이다. 불법의 수행과 깨달음은 제불여래와 똑같은 불지견, 즉 정법안장을 구족하는 일이다.

불지견을 『금강경』에서는 "여래실지실견(如來悉知悉見)"이라고 하고, "여래의 지혜(안목)를 구족해야 보살이 중생심의 생사윤회에 타락하지 않도록 정법으로 잘 보호한다[如來善護念諸菩薩]."라고 설한다. 대승경전에서 오직 부처의 지혜와 정법의 안목으로 중생의 심병(心病)을 진단하고 치료할 수 있어야 불퇴전의 경지를 이룬다는 의미로 "유불능지(唯佛能知)"라는 말을 설한다.

또한 석가모니 부처님이 청정법안(淸淨法眼)을 부촉한

---

28 "諸佛世尊 唯以一大事因緣故 出現於世. 諸佛世尊 欲令衆生 開佛知見 使得淸淨故 出現於世. 欲示衆生, 佛之知見故 出現於世, 欲令衆生 悟佛知見故 出現於世, 欲令衆生 入佛知見道故 出現於世."(『법화경』「방편품」)

다고 했는데, 청정법안도 정법안장과 똑같은 내용이다. 석가모니 부처님이 마하가섭에게 정법안장을 부촉했다는 것은 불법을 깨달아 정법의 올바른 안목을 구비한 스승과 제자 간의 이심전심의 전법(傳法)을 말한다. 이러한 스승과 제자 간의 전법을 이심전심, 교외별전이라고 한다. 선에서 강조하는 이심전심의 전법은 스승과 제자가 모두 불법을 깨달아 체득하여 정법을 바로 볼 수 있는 안목[正法眼藏]을 구족했을 때 비로소 가능한 일이다.

『법여선사행장(法如禪師行狀)』에 "남천축(남인도) 삼장 법사 보리달마는 선의 종지를 동쪽에 전하였으며 위(魏)나라에 들어가 혜가(慧可)에게 법을 전하고, 혜가는 승찬(僧璨)에게, 승찬은 도신(道信)에게, 도신은 홍인(弘忍)에게, 홍인은 법여(法如) 선사에게 전했다. 달마로부터 전한 법은 언어나 문자로 전한 것이 아니고 (정법을 깨달은) 그 사람[其人]이 아니면 어떻게 능히 전할 수가 있겠는가?"라고 말한다.

이와 같이 선종의 전법은 정법의 안목을 갖춘 스승과 제자의 이심전심으로 전래된 사실을 전하고 있으며, 정법의 안목을 갖춘 그 사람이 아니면 정법을 전할 수가 없다는 사실을 강조하고 있다.

『능가사자기(楞伽師資記)』「도신(道信)전」에도 "전법의 비밀스러운 요결[秘要]은 (정법을 깨달은) 그 사람[其人]이 아니면 전할 수가 없다."라고 강조하고 있다. 『전법보기

(傳法寶紀)』의 서문에도 "진실한 법신은 법신불이 체득한 것으로 모든 화신불의 언설과 문자로 전하는 것이 아니다. 즉 이 진여문은 마음으로 깨달아 증득하고[證心], 자각(自覺)함으로써 전할 수가 있을 뿐이다."라고 말한다.

이처럼 초기 선종의 자료에서 강조하는 '그 사람[其人]'이란 불법을 깨닫고 정법의 안목을 구족한 사람을 지칭한다. 『능가사자기』「구나발타라전」에도 "우리 중국(인도)에 정법이 있지만 함부로 전하지 않는다. 인연이 있고 근기가 익은 그 사람을 찾고 있다. 만약 길에서라도 그러한 양현(良賢)을 만나면 도중(途中)에라도 그 법(法)을 전할 수 있지만, 그러한 양현을 만나지 못하면 설사 부자(父子) 사이라고 할지라도 전하지 못한다."라고 말한다.

여기서 강조하는 "인연이 있고 근기가 익은 사람[有緣根熟者]"과 '양현(良賢)'은 정법(正法)을 계승할 수 있는 능력과 자격을 갖춘 그 사람[其人]이며, 정법을 깨달아 정법의 안목을 구족한 사람을 지칭한다.

『수능엄경(首楞嚴經)』 제4권에 "대상경계에 대한 상념(想念)은 번뇌[塵]이며, 그 대상경계를 받아들이는 정식[識情]은 망념의 때[垢]이다. 즉 중생심의 육진(六塵)과 육식(六識), 대상경계와 심식(心識) 이 두 가지를 모두 함께 멀리하여 그 어느 한 쪽에도 집착되지 않는다면, 정법을 볼 수 있는 지혜의 안목은 시간[時]과 공간[處]에 순응하여 청명하게 될 것이니 어찌 무상(無上)의 정각을 이루지 못할 수가 있겠는가?"라고 설한다.

『돈오요문』, 『조당집』 등 여러 선 문헌에 자주 보이는 법안(法眼)이나 진정법안(眞正法眼), 혹은 "법안은 티가 없다", "법안을 열다", "법안의 부촉"이나 "법안의 전수(傳授)"라는 말은 정말 정법을 통찰할 수 있는 지혜의 안목을 갖춘 스승이 제자를 인가하는 말이다.

특히 『보림전(寶林傳)』에서는 석가모니불이 정법의 안목을 갖춘 마하가섭에게 정법안장을 부촉하고, 또한 석가모니의 정법이 서천 28조, 동토 6조를 거쳐 남악회양-마조도일 선사에게 전래된 불법의 역사, 전등 계보를 설하고 있다.

말하자면, 『보림전』에서 설하는 정법안장의 부촉이란 종래 달마 계통의 선불교에서 무심하게 강조해 온 이심전심이나 교외별전의 역사적인 사실과 전법의 내용을 한층 더 구체적으로 밝히고자 제시한 자료라고 하겠다.

즉, 석가모니 부처님이 정각을 통해 깨닫고 설법한 법문의 진의(眞意)를 깨닫고 불타와 똑같은 깨달음의 체험으로 불법의 대의를 체득하여 정법의 안목을 구족한 마하가섭을 인가하고 이심전심, 교외별전으로 전법한 내용이 정법안장의 부촉이다.

즉, 선종에서 강조한 정법안장의 부촉은 일찍이 제불여래가 설한 방편법문의 설법이 경전의 형식과 권위 있는 부처의 설법으로 정형화된 언설 문자에 있는 것이 아니라, 교외별전(敎外別傳)으로 전래된 참된 불법의 진실을 깨달아 체득한 불법의 지혜 그 자체의 정신과 안목을 마하가섭에게 정법안장으로 부촉하여 역대의 조사들이 이심전심으로 전래하였다고 설한 것이다. 이것은 제불여래의 안목과 정신이 교외별전된 선승들의 지혜와 전등(傳燈) 법통으로 전승된 전법의 본질과 내용 증명을 정법안장 부촉의 역사적인 사실로서 분명하게 제시하고 있는 것이라고 하겠다.

그런데 『보림전』에서는 정법안장을 부촉하고 인가한 사실을 전법게(傳法偈)로써 증명하고 있다. 선종의 전법게는 돈황본 『육조단경』에서 중국 6대(代) 조사의 전의부법송(傳衣付法頌)으로 처음 주장된 것인데, 『보림전』에서는 석가모니불 이래의 모든 역대의 전등 조사들에게 전법게가 있었다고 전한다. 석가모니불의 전법게는 『보림전』에서 처음으로 전하고 있는데, 사실 정법안장의 부촉이란 석가모니불의 전법게에서 말하는 것처럼 무법(無法)의 법을 전하는 것 외에, 전할 수 있는 그 어떤 법이 있는 것이 아니다. "실상무상(實相無相), 미묘정법(微妙正法)"이란 바로 이러한 무법(無法)의 법을 단적으로 나타낸 말이라고 할 수 있다.

무법의 법이란 도대체 어떤 법인가? 무법(無法)이란 공

(空)이란 뜻이며, 자아의식을 텅 비운 아공(我空)과 의식의 대상경계를 텅 비운 법공(法空), 즉 일체개공의 경지이다. 즉, 자아의식도 의식의 대상경계도 텅 비운 공의 경지는 본래 청정한 진여본심으로 되돌아간 것이기 때문에 깨달아 체득한 어떤 법도 없다는 사실이다.

『전등록』 제7권에 반산보적(盤山寶積) 선사는 "삼계는 공[無法]의 경지인데 어느 곳에서 마음을 구하며, 4대(四大)는 본래 공한 것인데 부처가 어디에 거주[住]하는가?"라고 설한다. 마조 대사가 "무문(無門)을 법문(法門)으로 한다."라는 말도 본래 청정[空]한 진여본심을 회복한 경지, 반야지혜의 입장을 나타내고 있다. 즉, 본성이 본래 공한 것이기에 진여일심에 본래 한 법도 없는 본래무일물(本來無一物)의 경지가 달마가 전한 일심(一心)의 법문인 것이다.

말하자면 "무법의 법을 전한다."라는 것은 진여일심은 본래 아공, 법공, 일체개공이라는 정법을 깨달아 체득한 안목을 인가한다는 뜻이다.

그리고 일체가 모두 공(空; 無法)한 정법의 올바른 진실을 깨닫고 정법의 안목을 구족하는 것이 정법안장의 부촉이며, 정법을 상승(相承)하는 것이고, 사자 간에 이심전심의 전법이 성립되는 것이다. 석가모니불도 그러한 무법의 법을 깨닫고 정법을 설했고, 또한 가섭도 공(空; 無法)의 법을 깨닫고 석가모니불로부터 인가를 받고 정법안장을 부촉받게 된 것이다.

이처럼 선의 전법은 무법(無法)의 법을 깨닫고 무법의 법에 계합될 때, 스승과 제자와의 정법안장의 부촉이 가능하게 되며, 이심전심으로 교외별전하는 선의 전등 계보가 이루어질 수 있는 것이다.

그런데 선종에서 부법(付法; 법을 부촉), 혹은 전법(傳法), 득법(得法)이라고 하는 말을 많이 강조하고 있는데, 실제 로 무법의 법을 깨닫는 것이기 때문에 스승이 제자에게 부촉해 줄 수 있는 부법의 고정된 법도 없고, 전해 줄 수 있는 어떤 전법(傳法)의 법도 없으며, 깨달아 체득하 는 득법의 법도 없는 것이다.

이러한 사실을 단적으로 분명하게 제시하는 선문답 이 『전등록』 제18권에 현사사비(玄沙師備, 835~908) 선사 가 영산회상에서 석존과 가섭의 전법의 인연을 거론하 여 대중들에게 설법[示衆]한 뒤에 다음과 같이 스스로 말하는 부분이다.

세존이 "나에게 정법안(正法眼)이 있으니 대가섭에게 부촉한다."라고 한 말은 마치 달[月]을 가리키는 손가락 과 같은 것이다. 조계혜능(曹溪慧能)이 불자(拂子)를 세 운 것도 또한 달을 가리키는 손가락과 같다.

즉 석존이 마하가섭에게 정법안장을 부촉하신 것은

세존이 마치 손가락으로 달[正法, 佛法]을 가리키며 이야기했을 뿐이며, 조계혜능이 불자(拂子)를 세워 보인 것도 제자들이 스스로 달(진실)을 가리켜 직접 자기의 눈으로 진실을 보게 한 것이지, 달[正法]을 건네준 것은 아니라고 말하고 있다.

또 『전등록』 제28권에 분주무업(汾州無業, 760~821) 선사와 『임제어록』에서 임제 선사가 "산승은 한 법도 사람들에게 건네줄 것이란 없다. 다만 바로 심병(心病)을 치료하고 얽힌 속박을 풀어줄 뿐이다."라고 설하고 있는 말도 똑같은 소식을 전하고 있다.

『전등록』 제15권 「덕산장」에도 다음과 같은 일단이 보인다.

설봉(雪峰)이 질문했다. "지금까지 전래된[從上] 종풍(宗風)은 어떤 법으로 사람들에게 교시(敎示)합니까?"

덕산 대사가 말했다. "우리 선가(禪家)의 종풍은 언구(語句)도 없고, 한 법도 사람들에게 건네줄 것이 없다."

즉, 무법의 법은 어떤 누구에게 줄 수 있는 물건과 같은 것이 아니며, 또한 손에 넣을 수 있는 대상경계의 사물이나 물건처럼 얻고, 주는 법도 아니다. 선어록에 많이 보이는 "천명의 성인[千聖]도 전할 수가 없다[千聖不傳]."라는 말은 무법의 법인 불법은 스승이 제자에게 전하거나 얻거나 하는 법이 아니라는 사실을 의미한다.

무법의 법이란 진여일심은 중생심의 번뇌 망념이 텅 빈 공(空)의 경지에서 불가사의하고 미묘(微妙)하게 시절 인연에 따라서 정법의 지혜로 여법하고 여실하게 생명 활동으로 작용하는 것이다. 참선수행자는 각자 스스로 수행하여 직접 자신이 정법의 안목을 구족하고 몸과 마음으로 체험하고 체득하여 물의 차고 더운 맛을 직접 마셔 보는 것[冷暖自知]이 득법(得法)이며 전법(傳法)인 것 이다.

『전등록』 제5권 「혜능전」에 어떤 수행승이 "스승의 법 안(法眼)은 어떤 사람에게 전수(傳授)합니까?"라고 질문 하니, 혜능은 "정법의 안목[道]을 갖춘 사람이 전수받게 될 것이고, 무심(無心)한 사람이면 통달할[通] 것이다."라 고 대답한다. 이와 같이, 수행자 각자가 진여일심으로 정법을 깨닫고 체득했을 때 정법안장(正法眼藏)을 부촉 하는 전법(傳法)의 전수(傳授)나 득법도 이루어지게 되는 것이다.

또한 스승이 제자에게 정법을 전하는 전법도 진여일 심이 공(空)한 무법의 법을 깨달아 정법의 안목을 구족 한 제자의 안목과 선기의 방편지혜를 실행할 수 있는 능력을 인가하는 것이다.

즉, 선에서 말하는 정법안장의 부촉이란 정법의 안목 [正法眼藏]을 구족한 스승과 제자, 혹은 선승과 선승이 지음동지(知音同志)가 되어 진여일심의 지혜로 선문답을 나누며 이심전심(以心傳心)으로 상견(相見; 親見)하는 본분사의 일이라고 하겠다.

선불교 개설

초판 1쇄 인쇄 | 2020년 7월 15일
초판 1쇄 발행 | 2020년 7월 20일

저자 | 정성본

펴낸이 | 윤재승
펴낸곳 | 민족사

주간 | 사기순
기획편집팀 | 사기순, 최윤영
영업관리팀 | 김세정

출판등록 | 1980년 5월 9일 제1-149호
주소 | 서울 종로구 삼봉로 81 두산위브파빌리온 1131호
전화 | 02)732-2403, 2404 팩스 | 02)739-7565
홈페이지 | www.minjoksa.org
페이스북 | www.facebook.com/minjoksa
이메일 | minjoksabook@naver.com

ⓒ정성본, 2020

ISBN 979-11-89269-65-4 03220